CHIEN
LUNATIQUE

Vire-sur-Lot

La sacem ?
une oligarchie !

Du même auteur*

Romans

Le Roman de la Révolution Numérique
La Faute à Souchon ?
Quand les familles sans toit sont entrées dans les maisons fermées
Liberté j'ignorais tant de Toi
Viré, viré, viré, même viré du Rmi !
Ils ne sont pas intervenus

Théâtre

Neuf femmes et la star
Les secrets de maître Pierre, notaire de campagne
Ça magouille aux assurances
Chanteur, écrivain : même cirque
Deux sœurs et un contrôle fiscal
Amour, sud et chansons
Pourquoi est-il venu ?
Aventures d'écrivains régionaux
Avant les élections présidentielles
Scènes de campagne, scènes du Quercy
Blaise Pascal serait webmaster
Trois femmes et un Amour
J'avais 25 ans
« Révélations » sur « les apparitions d'Astaffort » Brel / Cabrel

Théâtre pour troupes d'enfants

La fille aux 200 doudous
Les filles en profitent
Révélations sur la disparition du père Noël
Mertilou prépare l'été

* extrait du catalogue, voir www.ternoise.net

Stéphane Ternoise

La sacem ?
une oligarchie !

Jean-Luc Petit éditeur - Collection Essais

Stéphane Ternoise
versant
essayiste:

http://www.essayiste.fr

Tout simplement et logiquement !

Site officiel : http://www.ecrivain.pro

Je demande simplement la démocratie là où une oligarchie accapare tous les pouvoirs : à la sacem ; ils sont environ 5 000 sur 153 000 membres à s'être octroyé le droit d'être candidats au Conseil d'Administration et dans les Commissions essentielles.

Comment la voix de la sacem pourrait efficacement défendre le droit d'auteur contre les « grandes puissances financières » dénoncées par son Président alors qu'il est lui-même l'élu d'une minorité aisée ?

Nous avons besoin de démocratie et non d'une oligarchie, même "éclairée"...

Vous aimez les chansons, applaudissez des chanteurs "engagés" ? Demandez à ces honorables artistes d'oser dénoncer la dérive oligarchique de leur sacem !

« À la différence du cinéma ou de la presse, par exemple, les gens connaissent très mal la manière dont fonctionne le secteur de la musique, et les clichés tiennent souvent lieu d'opinion quand on parle de la musique, du droit d'auteur ou de la gestion collective. »
Jean-Noël Tronc, directeur général de la Sacem, septembre 2012

« Quand j'eus enfin compris que, dans l'état du système et par rapport à lui, j'étais moins qu'une merde, je devins pour de bon parfaitement heureux. (...) Certes oui, l'art c'est bien beau, objectait-on en bonne logique, mais il faut travailler pour vivre, et alors vous vous apercevez qu'on est trop fatigué pour penser encore à l'art. »
Henry Miller,
Tropique du Capricorne, 1939

« Si tu commences à t'agenouiller, t'es foutu ! T'en croiseras partout des petits-chefs. Et ces ordures, même déguisées en gentils humanistes, n'auront qu'une idée en tête : t'imposer leur pouvoir... Et quand ils y parviennent, ils se croient importants, et l'amplifient...»
Stéphane Ternoise,
Agenouillez-vous devant les enculés !, 2015

La sacem ?
une oligarchie !

La sacem 2015 : environ 153 000 membres. Dont environ 5 000 sociétaires "définitifs" ou "professionnels."
Les 5 000 de "tous les pouvoirs", toutes les décisions essentielles relatives au droit d'auteur et son argent dans le domaine de la musique en France.

Acceptable, que la sacem soit une oligarchie ? Mais qui connaît son mode de fonctionnement ?

Admis à la sacem en l'an 2000, je lançais la même année mes premiers sites Internet : www.chansons.org et www.textesdechansons.com ; événements (de ma vie) liés : j'avais lu les statuts de "notre" société des auteurs et les considérais intolérables, verrouillés au profit d'une minorité ; je n'avais rien à espérer de ces gens-là, donc pas de temps à perdre avec eux... Vive le web libre !
Quinze ans plus tard, rien n'a vraiment changé !
J'ai pourtant régulièrement balancé, proposé, dénoncé...
Et me suis présenté aux seules élections accessibles à un "membre de base" : ceux de la "Commission prévue à l'article R. 321-6-3 du CPI".
Ne croyez pas qu'il s'agisse d'une commission fondamentale : « *Son rôle est de veiller à la bonne transmission de documents d'information demandés par les sociétaires.* » Passionnant, en perspective !
Voilà toutes les responsabilités auxquelles 95% des membres de la sacem peuvent prétendre !

Quand « *le conseil d'administration prend toutes les décisions essentielles à la vie de la Sacem.* »
Seuls peuvent y prétendre les « *sociétaires définitifs depuis au moins un an ou sociétaires professionnels ayant exercé deux mandats successifs au sein des commissions statutaires.* »

Pourtant, notre sacem bénéficie, de fait, en France, d'un monopole de la gestion des droits d'auteur de la chanson.

15 années, de nombreux articles. Et des échanges. Encore en ce mois de juin 2015, une réponse brève mais essentielle de monsieur Laurent Petitgirard, Président du Conseil d'Administration... Suivie de ma demande de sa démission et d'une révision des statuts : la fin de l'oligarchie, que chaque membre bénéficie des mêmes droits et devoirs, d'une voix (16 actuellement pour les oligarques) et de la possibilité de se présenter à l'ensemble des assemblées et commissions. Demander la démocratie à la sacem, est-ce inacceptable ?

Stéphane Ternoise
www.candidat.info

Oligarchie : *régime politique dans lequel la souveraineté appartient à un petit groupe de personnes, à une classe restreinte et privilégiée. Dictionnaire Le Robert.*

Une présentation...

La sacem, même de ses membres, elle reste le plus souvent inconnue. Parfois un scandale éclate, suscitant jusqu'à l'indignation de la classe politique... Mais "ça passe"...

Réformer la sacem, mastodonte auréolé de son statut autoproclamé de défenseur des auteurs, semble impossible. L'oligarchie triomphante là comme... ailleurs ! Ces gens-là peuvent continuer sans ce soucier de l'immense majorité des membres...

Si la sacem peut maintenir son système oligarchique c'est que d'autres systèmes oligarchiques dominent le monde...

Le coup d'état permanent, avait dénoncé François Mitterrand au sujet de notre République... avant de redoubler de procédés peu honorables genre écoutes et réseaux...

À la sacem, c'est tout simplement l'oligarchie constante et triomphante... Et il ne semble exister, dans notre pays, aucun espace pour faire entendre la moindre critique.
Car naturellement les critiqueurs sont contre le droit d'auteur ! Ou des frustrés, des aigris, des "qui n'ont pas réussi." Car il faut "réussir" pour accéder au droit à la parole.

Après avoir exposé ce combat dans plusieurs livres, il était temps de sortir "*la sacem ? une oligarchie*". Une fin de combat, une fin de partie ? Je dépose ce livre à l'attention des 150 000 membres de la sacem, de leur famille, leurs enfants... Pourquoi maintenant ? Je n'ai plus l'intention d'écrire sur le sujet. Ces gens du Conseil d'Administration ne m'ont de toute manière jamais intéressé : la chanson, c'est autre chose...

Je conclus par un dernier échange avec "notre président" et la demande de réforme des statuts, adressée à l'ensemble des Membres de Conseil d'Administration... et reprise sur http://www.candidat.info... Avec information à madame la Ministre de la Culture et aux médias, forcément...

Mardi 2 juin 2015... Le livre est prêt... les élections approchent...

Il est donc temps de balancer une petite lettre, en espérant de croustillantes réponses.

Les élections 2015 à la sacem

Cher Président,

Chers collègues,

Vive la démocratie ! Comme chaque année, les élections de la sacem reviennent en juin ! « Élections : manière de faire croire à la démocratie dans une institution oligarchique. »

Malgré la "révolution numérique", les oligarques ont résisté, et prétendent toujours défendre le droit d'auteur face aux vilains ! Ainsi, pour être candidat au Conseil d'administration, il faut toujours « *être Sociétaire définitif depuis au moins un an ou Sociétaire professionnel ayant exercé deux mandats successifs au sein des commissions statutaires.* »

La sacem selon sacem.fr : 153 000 membres. Aucune donnée dénichée sur le nombre de sociétaires définitifs ni sociétaires professionnels. Selon mon estimation par rapport aux "vieilles données collectées" : environ 5000.

Si vous pouviez me communiquer le nombre exact, je vous en remercierai.

Et les oligarques bénéficient de seize voix quand les minables de mon genre plafonnent à une. Épiphénomène presque mesquin : de toute manière seuls les oligarques peuvent être élus... mais lors de l'affichage des résultats, le nombre de voix est ainsi moins dérisoire, permet d'afficher une impression de participation décente...

Ainsi, je suis, comme en 2013, candidat à la "Commission prévue à l'article R. 321-6-3 du CPI". « *Son rôle est de veiller à la bonne transmission de documents d'information demandés par les sociétaires.* » C'est presque drôle, ce à quoi peuvent prétendre 95% des membres de la sacem. Quand « *le conseil d'administration prend toutes les décisions essentielles à la vie de la Sacem. Il nomme le Directeur général, gérant de la société.* »

Alors http://www.candidat.info communique ! En 2013, c'était plus simple : la sacem avait balancé aux candidats l'ensemble des courriels privés des autres membres ainsi engagés dans les élections annuelles.

En 2015, la "copie conforme invisible" semble être connue à Neuilly. Au-delà du détail, serait-il impossible de réformer "notre" sacem ? Je ne le crois pas et constate mon total échec après dix années de dénonciations de procédés oligarchiques ; ce qui ne m'empêche pas de continuer !

Ainsi, après une pause d'un an, monsieur Laurent Petitgirard est redevenu Président du Conseil d'Administration en juin 2014.
Un poste déjà occupé en 2003-2005, 2007-2009, 2011-2013.
Comme nous le savons, en juin 2012, monsieur Jean-Noël Tronc avait accédé au poste de directeur général de la Sacem. Et monsieur Bernard Miyet, président du directoire depuis 2001, a continué à être payé jusqu'en janvier 2013... où il a touché un « *parachute doré* » (selon

l'expression du *Parisien*) Juste une application d'un contrat accordé par notre Conseil d'Administration.

Comment peut-on avoir été Président du Conseil d'Administration sous l'ère Monsieur Bernard Miyet et continuer comme si de rien n'était sous l'ère Monsieur Jean-Noël Tronc ? Car il y a des élections et monsieur Laurent Petitgirard les remporte. Comme dans toute démocratie ! Il est d'ailleurs entouré de nombreuses personnalités également élues durant ce passé guère présentable ["tout le monde" déclare désormais indécent le salaire de Monsieur Bernard Miyet ?].
Naturellement, ces élus sont sûrement, individuellement, des êtres adorables, qui pensent sûrement faire pour le mieux mais, aux commandes, ils n'ont pas su, pas voulu, transformer notre société en démocratie au service de l'ensemble de ses membres. Et ils continuent !

Le 10 juin 2013, monsieur Laurent Petitgirard, ès Président du Conseil d'administration de la Sacem me répondait « *Vos fantasmes d'oligarchie sont fatigants, injustes, caricaturaux et surtout ne correspondent à aucune réalité.* »

Pourtant, le 27 mai 2013, il m'avait noté : « *Il ne serait absolument pas normal qu'un membre de la Sacem, auteur comme 50.000 d'entre eux de moins de dix œuvres et n'ayant qu'une activité d'auteur très marginale, occasionnelle ou quasi inexistante, puisse se retrouver en position de prendre des décisions cruciales qui concernent le droit d'auteur.*
Ce membre en question serait en fait, comme une majorité de nos membres, beaucoup plus un utilisateur qu'un créateur de musique.
Son intérêt de consommateur serait que tout soit gratuit et

en aucun cas la défense de la rémunération des créateurs.
Le palier des 16 voix est à hauteur du Smic, je trouve cela
très raisonnable. »

Ces propos avait déjà la "cohérence" de suivre : « *Je ne peux bien évidemment en aucun cas être d'accord avec cette analyse que vous faites d'une prétendue oligarchique de 4500 sociétaires professionnels et définitifs.* »

En 2015, vous êtes d'accord avec ce constat incontestable d'oligarchie ? Mais vous la pensez préférable à la démocratie ?

J'ai attentivement lu les notices des candidats. Aucun programme de lutte pour la démocratisation ne m'apparaît... Il est vrai que précédemment, dans cette même notice, le titre d'une chanson m'avait été supprimé : « oligarchie.fr » Il faut donc parfois lire entre les lignes ? J'ai essayé... Que de bons sentiments, d'envie de travailler pour le bien des sociétaires, de la belle idée de préserver le droit d'auteur...

Je me suis même senti dénoter un peu en concluant : « *En mars 2015, il a peut-être publié l'œuvre de notre époque sortie de l'indignez-vous : « Agenouillez-vous devant les enculés ! »* Ce titre est également un texte de chanson non chanté.* » Cette année, ma présentation fut publiée comme je l'avais envoyée.

Alors, en conclusion de cette lettre de juin 2015, un peu d'ironie (monsieur Jean-Noël Tronc fut présenté comme un proche de monsieur François Hollande... et monsieur Bernard Miyet avait débuté sa carrière dans les bureaux Mitterrandiens) :

Moi Président du Conseil d'Administration de la sacem, jamais notre directeur général n'aurait obtenu un salaire digne d'un Président de la SNCF ;

16

Moi Président du Conseil d'Administration de la sacem, jamais les pauvres ne paieraient pour la retraite des riches ; Moi Président du Conseil d'Administration de la sacem, jamais une association créée par une grande fortune ne pourrait obtenir d'argent prétendu culturel ; Moi Président du Conseil d'Administration de la sacem, aucune cotisation sacem ne serait prélevée sur les faibles répartitions, ce moyen de grignoter parfois la totalité des modestes droits d'auteur ; Moi Président du Conseil d'Administration de la sacem, jamais une aide de la sacem ne permettrait à des festivals de payer des cachets indécents à quelques stars...

Mais vous le savez, je ne serai jamais Président du Conseil d'Administration de la sacem. D'ailleurs il n'existe aucun train reliant Montcuq à Neuilly.

Stéphane Ternoise,
http://www.candidat.info
Modeste candidat à la "Commission prévue à l'article R. 321-6-3 du CPI". « *Son rôle est de veiller à la bonne transmission de documents d'information demandés par les sociétaires.* »

17

Quand une oligarchie gère sans vague un secteur... La sacem... en dix-sept points chronologiques

1) 2004, observations romancées

Dans "*la faute à Souchon ?*", le roman publié en 2004, un personnage, Marjorie, compositrice et interprète, s'exprimait sur la sacem. Naturellement, on peut y voir les pensées de l'auteur. Flaubert, à ma place, aurait sûrement concédé « *Marjorie, c'est moi* », comme madame Bovary c'était lui.

(En avril 2008, monsieur Francis Cabrel et monsieur Richard Seff ont mandaté un avocat pour mettre en œuvre la procédure de retrait, amiable ou judiciaire, du contenu de la page http://www.auto-edition.info/presentations.html, en ligne depuis le 5 mars 2005, version numérique du chapitre 21 de la première partie de ce roman).

20 : la sacem (précisions de Marjorie)

Il ne faut rien attendre de la sacem. J'avais une copine là-bas ! La situation est figée. La sacem n'est pas une société d'auteurs au service de la chanson mais une société au pouvoir confisqué par une minorité, l'oligarchie.
« *Dans toute oligarchie se dissimule un constant appétit de tyrannie* » (Nietzsche)
Le Conseil d'Administration n'est pas élu par les membres mais par les « membres professionnels ».
Et pour devenir membre professionnel, la barrière des revenus est placée suffisamment haute, et durant trois années consécutives en plus, afin que puissent le devenir uniquement les auteurs et compositeurs inféodés aux majors.

Les vrais patrons de la sacem : les majors ! Ce n'est pas pour leur talent si quelques auteux et compositeux sont aujourd'hui millionnaires mais parce qu'ils furent de la bonne écurie.

Dans cinquante ans les sommités de la sacem ne signifieront plus rien dans la culture française. Mais ce sont des notables, certains ont même pour cette unique raison la légion d'honneur, au moins « le mérite »...

Internet est la chance de la chanson. Mais il faudra retenir la parabole du Souchon : ne pas s'embourgeoiser, ne pas s'affadir en échange de quelques bienveillances et honneurs.

Envoyer des maquettes aux producteurs, c'est comme prendre un billet de loto. C'est attendre quelque chose du show-biz.

N'attendre rien. Faire, montrer et ne rien attendre. Si nos chansons sont bonnes elles finiront par être remarquées.

Avant, la solution c'était la scène.

Aujourd'hui, c'est internet. Je suis convertie !

Mais pouvons-nous TOUT dire ?

Si l'honnêteté règne dans le pays, un homme peut être audacieux dans ses actes et dans ses paroles mais si l'honnêteté n'existe plus, on sera audacieux dans les actes mais prudent dans les paroles (Confucius).

2) Sur la tarification des diffusions

En décembre 2005, dans *"Chansons trop éloignées des normes industrielles et autres Ternoise-non-autorisé"*, le texte *"La sacem"* éclairait son fonctionnement et proposait une autre approche, naturellement jamais adoptée ni même discutée (une discussion sans en référer à l'auteur de la proposition semble improbable dans une société où le droit d'auteur prime)

La sacem

En l'an 2000, la diffusion de quelques titres me permettait d'entrer à la sacem... je payais donc le « droit d'inscription »... 665 francs (chèque 3034969 tiré le 1er mars)... et depuis à chaque répartition où quelques euros me sont dus, une cotisation (6 euros) est prélevée...

Aujourd'hui... j'hésiterais à devenir membre de la « société des auteurs compositeurs et éditeurs de musique »...

La sacem peut-elle encore nier toute responsabilité dans l'état de crétinerie insignifiante où patauge la chanson française ?

La sacem collecte les droits d'auteur... et a instauré des grilles de tarification pour la diffusion...

À première vue, le plus choquant est que *Skyrock* ou *NRJ* payent nettement moins que *France-Inter* pour une même diffusion et même audience... (ou le contraire)

Mais il y a pire : une véritable incitation à l'absence de diversité par l'application d'une règle bête et méchante du passage en caisse : peu importe le titre, peu importe s'il est déjà passé quinze fois dans la semaine, il sera facturé comme un inédit, suivant son temps de diffusion...

Alors qu'une incitation à la diversité aurait été simple à instaurer... et en plus compréhensible : si une chanson est entendue pour la vingtième fois dans la semaine, elle ne suscitera pas la même qualité d'écoute qu'une inédite (en considérant la musique comme autre chose qu'un bruit de fond).

Système Ternoise pour une tarification hebdomadaire : à chaque diffusion, le tarif sacem baisse de 5%...

Les radios ont intérêt à multi-diffuser pour obtenir un tarif allégé ? Non, car le montant global facturé sera calculé chaque fin de semaine, où le montant des droits obtenus par la diffusion (disons montant R à 80) est comparé au montant d'une tarification sans diminution du tarif pour multi-diffusion (disons montant B à 100).

Et le montant à payer sera :

Tarif B (100) + [Tarif B (100) - Tarif R (80)] soit 120.

80 seront reversés suivant la diffusion, tel que calculé par le Tarif R, et 40 alimenteront un fonds de diversité musicale reversé aux plus faibles répartitions des sociétaires au moins diffusés une fois...

Inacceptable ! Les décisions de la sacem ne sont pas l'émanation de la délibération des sociétaires mais proviennent du conseil d'administration où siègent... les membres professionnels et définitifs, une oligarchie.

Applaudir quand le conseil d'administration de la sacem baisse de 50% le minimum de droits nécessaires durant trois années consécutives pour accéder au statut de sociétaire professionnel ? Laurent Petitgirard, alors président de ce conseil, reconnaît que le montant « *avait depuis 1980 augmenté deux fois plus vite que les indices servant de référence à la revalorisation des salaires.* »

Une manière d'avouer que depuis des années des membres verrouillaient au maximum. Tout en prétendant agir pour le bien commun...

Face à un contexte mouvementé, la sacem se sent menacée, vient de prendre conscience de l'aberration d'ainsi se priver du potentiel de 100 000 membres ?

Hé oui ! On ne peut escompter un soutien, une action, tout en même temps méprisant ! La sacem a encore du chemin à parcourir...

Précision 2013 : quelques doutes sur la fiabilité du suivi de diffusion des œuvres sur nos "grandes radios", n'ayant jamais obtenu de feuillet avec des revenus "sud-radio" malgré des passages. Quand Benjy Dotti utilise quelques-unes de mes parodies pour son spectacle du même nom (parodies !), par exemple quatre mois au Théâtre Le Temple de Paris ou, devant moi (donc en plus de mon nom sur l'affiche je possède l'enregistrement de prestations) à Rocamadour ou Montauban... aucun droit versé par la sacem ! Où est le problème ? Les déclarations ? L'absence de déclarations ?...

19 mars 2015 : « *J'ai repris ce dossier restant en attente, et au vu de celui-ci, les divers lieux stipulés présentent des difficultés de perceptions, soit ils ont fermé soit les organisateurs ont changés..... et hormis Rocamadour pour lequel notre délégation a pu nous transmettre des éléments, nous restons sans précisions pour les autres lieux de diffusion de ce spectacle.*

Néanmoins, en accord avec notre hiérarchie et les règles récemment établies, nous procédons à l'élaboration d'un programme comportant 4 titres – le permis d'aimer – le téléphone tremble – les sarkos – deuxième génération Sarkozy. Que nous incluons dans notre répartition de juillet 2015, à noter que ces titres sont des parodies avec emprunt de titres existants, et que le règlement en votre faveur interviendra donc en octobre 2015. »

3) Réformer la sacem

Publié dans "*Global 2006*" (dépôt légal janvier 2007), page 217 et suivantes.

Réformer la sacem

En 1997, ma petite poésie me semble dans une impasse, et condamnée à l'éternel anonymat si elle ne prend pas rapidement les habits de la chanson. Comme au XVIIe siècle prédominait l'écriture théâtrale. En vivre pour continuer. Avancer aussi des réactions.

J'avais une vague, très vague idée, du fonctionnement de ce monde-là : ma connaissance se limitait aux émissions de Jean-Louis Foulquier sur *France-Inter* et à la rencontre d'un auteur - compositeur - interprète membre de la sacem, cinq ans plus tôt, à Arras, au temps de mes premiers textes poétiques.

« Une petite vedette régionale » : la trentaine, auréolé d'un 45 tours dans « une maison de disques »... je lui avais envoyé une présentation, il m'avait invité et nous avions passé l'après-midi à discuter puis quelques soirées au restaurant... je le croyais intéressé par ma poésie, pensais même qu'il se l'approprierait pour « un prochain album »... mais il ne tarda pas à déclarer ses véritables intentions : il souhaitait (tout simplement !) être ma « première expérience homosexuelle » ; mon refus catégorique stoppa nette cette « amitié naissante ».

En 1997, je vivais neuf cents kilomètres plus bas, dans le Lot... à une soixantaine de kilomètres d'Astaffort, village connu par son adjoint au maire aux attributions culturelles : Francis Cabrel... organisateur de « rencontres » dont Jean-Louis Foulquier s'était, un vendredi soir, voulu le VRP. Je jouais la « carte

23

régionale » et fin février 1998, ma déjà vieille 205 s'arrêtait sur la place de l'office du tourisme, à quelques mètres du 1 rue du Plapier où le maître m'avait convoqué avec 19 autres sélectionnés pour les dixièmes rencontres. Une semaine pour créer un spectacle en première partie de Louis Chédid.

Là me fut inculquée l'impérieuse nécessité de devenir « membre de la sacem », donc de pouvoir présenter au moins cinq « œuvres » dont l'une pourra se prévaloir d'au moins cinq diffusions sur une période supérieure à six mois. Le représentant du Lot-et-Garonne de la sacem répondait à nos questions, une « abondante » documentation était à notre disposition. Et un « ancien haut dirigeant de la sacem », reconverti « formateur » était même descendu de Paris pour nous conseiller lors du repas du dimanche soir : Philippe Albaret, également responsable du « *chantier des francofolies de La Rochelle* »...

Devenu membre de la sacem, j'ai reçu et lu les statuts. Impression de malaise. Pourquoi, alors que la sacem communique sur le nombre de ses membres, cette distinction entre membres « de base », membres professionnels et membres définitifs ? Aux élections suivantes, du Conseil d'Administration, aucun bulletin dans ma boîte... devenir « sociétaire professionnel », c'est obtenir 16 voix à l'Assemblée générale... et recevoir les bulletins de vote, qui ne sont pas envoyés aux simples membres, qui peuvent se renseigner et se déplacer à Paris s'ils veulent la prise en considération de leur petite opinion ! Donc ma voix compte 16 fois moins et en plus tout m'encourage à ne pas participer au suffrage. Pourquoi ?

Puis je me suis lancé sur internet : la sacem veut bien reconnaître son inquiétude... mais à cause du « téléchargement illégal », danger imminent pour les sociétaires en situation de perdre le fruit de leur travail... la sacem, « en toute logique », veut mobiliser ses troupes.

Si plus de 100 000 membres se « révoltaient », quel concert !... et la situation du hold-up permanent perdurerait !...

Car il ne s'agit naturellement pas, pour la direction de la sacem, de défendre 100 000 membres mais de maintenir la situation actuelle où quelques centaines de ces membres et autant de très bien payés s'engraissent. Frais généraux généreux, subventions, aides... à certains...

Quand la sacem annonce « le coût net de la gestion des droits en 2004 a été de 114 millions d'euros. Il est en légère progression et représente 15,7% des droits perçus » elle joue sur le concept de coût net en retirant des charges nettes les 30,3 millions d'euros de ressources financières et diverses qui proviennent principalement du placement des droits en attente de répartition (donc de l'argent des sociétaires).

Le coût réel « de la gestion » est bien de 144,7 millions d'euros (1648 collaborateurs au 31 décembre 2004) soit 19,92% des 726,5 millions d'euros collectés en 2004. Quand les œuvres de Ravel (décédé en 1937) tomberont dans le domaine public, de combien seront réduits les sommes collectées ? À quel pourcentage réel passeront les frais ?

Acceptable par les 109 000 sociétaires ? Ces 144,7 millions d'euros pourraient peut-être trouver une utilisation plus culturelle ?

Le danger d'internet pour la sacem, c'est l'information, la circulation de l'information. Que ceux qui savent, devinent, enquêtent, puissent s'exprimer... Alors la sacem cherche des « parades ».

Laurent Petitgirard, président du Conseil d'administration, débute, en avril 2004, son édito par : « *En décembre 2003, le Conseil d'administration de la Sacem a décidé de baisser de 50% le « cens argent », c'est-à-dire le minimum de droits qu'il faut pour pouvoir accéder au statut de sociétaire professionnel, puis à celui de sociétaire définitif.* »

Explication très instructive : « *Cette baisse n'a pas été décidée arbitrairement, le Conseil ayant constaté que le cens argent, indexé sur l'évolution de la répartition des droits, avait depuis 1980 augmenté deux fois plus vite que les indices servant de référence à la revalorisation des salaires.* »

On peut traduire par : depuis 1980, le conseil d'administration a réussi à limiter l'accès au statut de sociétaire professionnel, permettant ainsi à un petit groupe inféodé aux majors de diriger sans opposition notre noble institution.

Premières informations chiffrées sur le cercle restreint : « *Vous étiez en tout 116 lors de la promotion de 2003. Avec cette mesure, vous serez 760 en 2004, parmi lesquels 576 nouveaux sociétaires professionnels et 187 nouveaux sociétaires définitifs.* »

Mais le nombre total des sociétaires professionnels reste « un secret »... (demandé... aucune réponse) secret levé dans la même *LETTRE*... en juillet 2006 : « *1971 sociétaires professionnels et 1766 sociétaires définitifs* »... *en fin d'un article où le siège de Neuilly a accueilli « 230 nouveaux sociétaires professionnels et 83 nouveaux sociétaires définitifs », la « promotion 2006.* »

576 sociétaires professionnels en 2004, 230 en 2006, on peut présager un nombre similaire en 2005, soit 576 + 230 + 230 = 1236, qu'il convient de retirer des 1971 sociétaires professionnels actuels, ce qui nous fait par extrapolation assez précise pour 2003 : 735 sociétaires professionnels ; par honnêteté intellectuelle, nous pouvons conserver les 1766 sociétaires définitifs, en considérant que les sociétaires définitifs 2006 étaient déjà au moins sociétaires professionnels en 2003.

Pour obtenir le chiffre des « vrais » membres sacem 2003, il convient donc d'ajouter 735 et 1766. Soit environ 2500.

[Parmi eux, j'en suis persuadé, certains ne soupçonnent même pas cette politique... ils créent]

« *Au début de l'année 2003, nous avons passé le cap des 100 000 sociétaires, pour terminer l'année autour de 105 000, parmi lesquels environ 90 000 auteurs et compositeurs vivants.* »

Laurent Petitgirard, toujours *La Lettre*, en janvier 2004.

Environ 2,5% des membres étaient considérés en 2003. Trois ans plus tard, le président du conseil d'administration a vraiment de quoi fanfaronner, en appeler à la mobilisation générale : environ 4% peuvent s'exprimer. Une oligarchie dirige la sacem. Et la direction demande aux sous-membres de défendre la citadelle assiégée. Comme les nobles au pouvoir exigeaient du peuple qu'il verse son sang pour la patrie en danger.

Combien d'années les 100 000 membres méprisés accepteront encore de compter pour de la bouse de vache ?

« *Dans toute oligarchie se dissimule un constant appétit de tyrannie* » (Nietzsche)

[Même si je devenais « membre pro », il ne me viendrait pas à l'idée de perdre mon temps dans un Conseil d'Administration. Qui plus est à Paris !]

4) Pour l'auteur de chansons

Également dans "*Global 2006.*"

Avant l'industrialisation de la chanson, le texte et la partition s'imprimaient, se vendaient aux particuliers et aux chanteurs des rues. Et chacun, ou presque, les reprenait. Ou non. Succès si rare.

Peu importait l'interprète, la chanson c'était son auteur. Parfois accompagné d'un compositeur, le plus souvent rédigeant l'ensemble.

Sur l'actualité, de nombreux chansonniers réagissaient, utilisaient les airs les plus connus. Libelles d'une journée, d'un mois, rarement d'une décade.

Nullement « un âge d'or » pour l'auteur : son nom apparaissait mais l'éditeur s'octroyait la majorité des bénéfices ; il payait l'impression et contrôlait plus ou moins les réseaux de distribution.

L'industrialisation relégua les créateurs en simples fournisseurs de matières premières, utiles pour habiller les interprètes. Finalement, ils n'en furent pas chagrinés ! Ils perdaient le « premier rôle » mais les miettes devenaient plus importantes !

L'interprète devint une idole, à laquelle les industriels offrirent une plus grosse part de miettes.

Pour l'auteur, en vivre et être reconnu passa par la scène, souvent en contrariant sa nature (Brassens aurait préféré simplement écrire). Décennies où la chanson fut identifiée à l'auteur-compositeur-interprète, le plus souvent un « artiste » assez moyen dans les trois catégories mais suffisamment audacieux ou opportuniste pour tenir le rôle défini par les industriels. Rare fut l'exigence d'un Jacques Brel (il sut, qui plus est, s'entourer de compositeurs).

« Âge d'or » pour certains : des auteurs ont « fait fortune », en occupant parfois aussi des sièges dorés à Neuilly, à la sacem.

Internet, en présentant un peu partout les « paroles », témoigne du niveau où les couplets-refrains sont tombés ! Qui ne s'est jamais exclamé devant quelques lignes, « Je pourrais vraiment en faire autant ! » Les fournisseurs de matières premières sont devenus, eux aussi, le plus souvent, des industriels de la rime et servent leur guimauve à la tonne. Paroliers inféodés aux majors. Mais riches ! Les autres « n'existent pas » ! La sacem a su instaurer une technique limite pour les accepter comme membres et gérer la société au profit des inféodés aux majors : en inventant la notion de « membres professionnels » où le critère des droits touchés exclut tout auteur réellement indépendant. Et naturellement, les « éditeurs » ont conservé leur rôle historique de grands argentiers, en accaparant une bonne partie des « droits d'auteur ». Au départ, pour obtenir pareil avantage, ils effectuaient un travail de mise en relations entre créateurs.
L'éditeur est désormais le plus souvent une société de la même major que le producteur de l'interprète, une manière sans état d'âme ni masque de récupérer de l'argent. L'artiste, pour signer avec la major, se doit de signer un contrat d'édition (naturellement quelques exceptions).

Les « cerveaux disponibles », dupés quand ils n'avaient que radios et télévisions pour découvrir « les nouveautés », sont devenus internautes, surfent à peu près librement et les jours d'errance peuvent s'arrêter sur le site d'un auteur indépendant. Naturellement, la plupart du temps, ils découvrent des sous-tubes, par des auteurs indépendants du seul fait qu'ils n'ont pas réussi à séduire des industriels mais continuent à essayer ! On peut ainsi lire : « si un producteur passe ici, je suis disponible pour écrire tout texte du genre Obispo, Goldman, Cabrel... »

L'auteur n'avait donc JAMAIS pu vivre de son art en imposant simplement son style. Internet peut lui permettre d'exister vraiment : produire quatre albums fut ma décision musicale essentielle de l'année !

Elles chantent Ternoise, Ils chantent Ternoise, Pierre Galliez cante Ternoise, CD Sarkozy selon Ternoise. La critique d'auto-glorification et mégalomanie sera sûrement placée. Mais c'est « faire date », inscrire dans la matière la démarche d'auteur.

Internet, fusion de l'ensemble des médias, avec une diminution exponentielle du coût de fabrication permet d'aborder autrement chaque domaine (comme si, en 1970, chacun avait pu émettre sa chaîne de télévision, ou en 1981 sa radio). Nouvelle possibilité nullement CONTRE les autres créateurs, compositeurs et interprètes, mais AVEC. Nous avons la même ambition : vivre de nos créations. Nous sommes dans le même camp : forcément contre les structures parasites gloutonnes de la majorité des bénéfices du travail des créateurs. Exit majors, commerçants (car naturellement, même avant la disparition du CD, la chanson n'a plus besoin de ces vendeurs).

Pas forcément chacun dans son coin : des producteurs existeront toujours, regrouperont quelques artistes. Des structures artisanales, P.M.E. Une forme d'amicale ! Mais de qualité. Pas sur le modèle des collectifs actuels, plus clubs de poivrots ou fumeurs de joints. Un apport d'efficacités. J'apporterai textes et approche internet. Voix, compositeurs, arrangeurs, studio, bienvenus ! La fin des mastodontes. Inévitablement. Sauf s'ils parviennent à berner de nombreuses idoles en leur signant des contrats à vie !

[Cette évolution de l'univers musical, j'ai sûrement, en France, été le premier à la conceptualiser et tenter d'influer sur son déroulement.

Mais si j'étais arrivé « dans la chanson » dix, vingt ou trente ans plus tôt ? Aurais-je créé une structure indépendante ? Et donc connu « les difficultés » ! Aurais-je « simplement » publié ? Mais dans l'édition, mon indépendance aussi aurait été limitée par la technique. Aurais-je, finalement, tenté de séduire « une maison de disques » en pensant pouvoir, ensuite, « passer de vrais textes » ?

Répondre à ces hypothèses n'aurait pas grand sens. Nous sommes devant une nouvelle donne et les choix passés ne me concernent pas ! Chacun a et avait sa propre problématique. Certains font et d'autres attendent que tout tombe du ciel. C'est sûrement une distinction au-delà des difficultés de chaque époque ; certains font semblant de faire, aussi...

Cdequitables.com et wproducteurs.com marqueront, en 2007, une nouvelle étape.]

2015 : que sont ces quatre projets devenus ? Le "*CD Sarkozy selon Ternoise*" fut lancé le jour de la Saint-Nicolas de décembre 2006 ; il contenait également "*Ségolène*", adaptation de "*Bécassine*" (Chantal Goya), ce qui sembla retenir la presse dite de gauche (Dominique Dhombres, un chroniqueur du *Monde*, quelques mois après la diffusion de l'information Ségolène-Bécassine prétendit même lancer le rapprochement, voir *Histoire d'une censure médiatique aux élections présidentielles 2007 : le CD Sarkozy*). Le tout sur www.cdsarkozy.com

"*Ils chantent Ternoise, SAVOIRS*", fut produit en 2008. Absence totale de visibilité dans un univers contrôlé ! "*Pierre Galliez cante Ternoise*" n'existera pas, le compositeur-interprète, rattrapé par l'âge, a abandonné cet objectif et se consacre avec un talent certain à l'écriture de chansons pamphlétaires. Un album avec six interprètes, deux femmes et quatre hommes, "remplace" le "*Elles chantent Ternoise*" espéré. "*Vivre autrement (après les ruines)*" présenté le 22 mai 2013, un album une nouvelle fois très artisanal, avec un coût de production très faible, chaque interprète ayant accepté de se débrouiller pour enregistrer du mieux possible, en système D ou home-studio.

Réactions ? Un article dans "*le petit journal*" de Montauban, sans effet sur les ventes, malgré un avis très favorable « *Nous ne pouvons que vous conseiller ce splendide et bien plaisant album d'Auteur (...) une diversité surprenante que nous avons appréciée dans son ensemble tout en avouant avoir « craqué » indéniablement pour Magali Fortin et un sublime texte qu'elle interprète formidablement. « Vivre autrement » un album à écouter en boucle, sans hésitation aucune !... »* Et rien d'autres.

5) Richard Seff, candidat au conseil d'administration en 2008

De la même manière que c'est en période électorale, les élections régionales, qu'un avocat toulousain invoqua la contrefaçon du logo et de la marque de la région sur conseil-regional.info, un site critiquant naturellement la politique de monsieur Martin Malvy au sujet du livre, c'est en période d'élections à la sacem qu'un autre avocat toulousain m'écrivit le 15 avril 2008, en Lettre Recommandée, ès « *conseil de Messieurs Richard Seff et Francis Cabrel* » :

« *Ces derniers me font part du contenu du site Internet dont vous êtes l'auteur, plus spécifiquement du chapitre 21 intitulé « Présentations » du roman mis en ligne et dont vous êtes l'auteur intitulé « La faute à Souchon ? »*

L'analyse de ce chapitre révèle que celui-ci porte atteinte aux intérêts de Monsieur SEFF d'une part en ce qu'il recèle un caractère injurieux, fait prévu et réprimé par l'article 29 de la loi du 29 juillet 1881, d'autre part en qu'il constitue un [sic] *atteinte au droit moral de Monsieur SEFF et plus spécifiquement au droit au respect de son œuvre dont jouit l'auteur, droit que prévu* [sic] *à l'article L. 121-1 du Code de la propriété intellectuelle.*

Aussi par la présente, je vous demande et vous met en demeure, dans un délai de huit jours, de procéder au retrait de la page litigieuse du site Internet dont vous êtes l'auteur.

A défaut je vous précise que j'ai reçu mandat de mes clients de mettre en œuvre la procédure de retrait, amiable ou judicaire, de contenu illicite d'un site Internet en application des dispositions de la loi 2004-575 du 21 juin 2004. (...) »

Que vient faire Francis Cabrel dans cette affaire ? Pas un mot à son sujet dans les explications. Chacun appréciera à sa manière ! Que vient faire la loi du 29 juillet 1881 ? Un moyen de pression pour un auteur censé ne pas connaître la loi ? Que vient faire le "contenu illicite" pour une œuvre publiée en 2004 et n'ayant suscité aucune procédure dans le délai légal ?

Je répondais. Par lettre recommandée et sur le site. Richard Seff était candidat au Conseil d'Administration, catégorie "auteurs." L'assemblée générale annuelle était convoquée le 17 juin 2008 à 14 heures 30, auditorium Debussy-Ravel, 225 avenue Charles De Gaulle, 92 200 Neuilly-sur-Seine. Dans sa présentation, Richard Seff notait « *Fondateur avec Francis Cabrel des Rencontres d'Astaffort et animateur de 1994 à 2001.* » Depuis, il siège dans cette vénérable assemblée, ce qui ne semble pas poser de problème à la sacem dans son financement des rencontres d'Astaffort.

Montcuq, le 25 avril 2008,

Cher maître,

Je vous remercie d'avoir trouvé le temps de m'informer que monsieur Francis Cabrel, chanteur de variété d'Astaffort en 1998 et monsieur Richard Seff parolier de Toulouse en 1998, avaient trouvé le temps de lire, au moins partiellement, le roman *La Faute à Souchon ?*, publié en août 2004, dont la version numérique est présente sur le net depuis le 5 mars 2005.

Naturellement, cher maître, ma réponse ne va pas vous surprendre : j'imagine que vous avez prévenu vos clients du grotesque de leur exigence (ou alors, leur notoriété vous a retenu ?)

Cette exigence de retirer d'un site internet, sans fondement juridique, un chapitre d'un roman publié depuis presque quatre ans, restera dans l'Histoire d'Internet.

Je me souviens très bien d'avoir écrit et publié ce livre.

Comme vous l'avez remarqué, le chapitre 21 de la première partie (intitulée *Vraie Rencontre*) est le monologue intérieur d'un auteur retenu aux rencontres d'Astaffort par Francis Cabrel et Richard Seff. Projetant d'écrire un roman sur le show-biz à la française, en digne descendant de Zola, j'avais mené une minutieuse enquête, au point de proposer des bafouilles qui me suffirent pour être retenu comme auteur à ces rencontres, en 1998, où j'ai pu constater le peu d'estime porté par les auteurs compositeurs et interprètes présents pour Richard Seff et à un degré moindre pour Francis Cabrel. Les pensées de l'auteur, dans ce chapitre 21, qui semblent irriter vos clients, représentent une forte atténuation des propos tenus à Astaffort lors de mon enquête. Monsieur Seff pense-t-il vraiment qu'il avait écrit, en 1998, des paroles susceptibles de lui valoir la consécration des siècles futurs ?

MM Francis Cabrel et Richard Seff ne peuvent ignorer que les scèncs situées à Astaffort sont le fruit de ma minutieuse enquête : ils m'ont sélectionné à leurs rencontres et je suis resté NEUF JOURS à Astaffort. Séjour certes difficile tant ce milieu est éloigné de ma vérité profonde.

Naturellement, j'ignore ce que sont devenues ces personnes. Monsieur Francis Cabrel continue-t-il à chanter ? Monsieur Richard Seff à exercer sa profession de parolier ? Si c'est le cas, je leur souhaite naturellement d'avoir progressé tout en doutant, en recevant une telle grotesque demande, qu'ils aient trouvé la voie de la sérénité. Car c'était bien le sujet du roman, le fossé entre ce show-biz et la Voie. Je doute donc qu'ils aient lu ce livre en intégralité (lisent-ils sur le net ? Ont-ils acheté ce roman ?)

Bref, en leur nom, vous invoquez l'article 29 de la loi du 29 juillet 1881. Votre compétence étant sûrement reconnue jusqu'au pays d'Isabelle Boulay (si vous ignorez de qui il s'agit, demandez à madame Francis Cabrel, je les ai croisées à Astaffort), vous n'êtes pas sans ignorer que cet argument est irrecevable.

L'article 29 de la loi du 29 juillet 1881 dispose que :

« *Toute allégation ou imputation d'un fait qui porte atteinte à l'honneur ou à la considération de la personne ou du corps auquel le fait est imputé est une diffamation. La publication directe ou par voie de reproduction de cette allégation ou de cette imputation est punissable, même si elle est faite sous forme dubitative ou si elle vise une personne ou un corps non expressément nommés, mais dont l'identification est rendue possible par les termes des discours, cris, menaces, écrits ou imprimés, placards ou affiches incriminés.* »

Je ne commenterai pas cette affirmation de messieurs Seff et Cabrel, n'ayant pas de temps à perdre, préférant laisser l'Histoire juger et sourire, et laissant ces vénérables messieurs face à leur conscience mais vous confirme ne pas ignorer que « *l'action publique et l'action civile résultant des crimes, délits et contraventions prévus par la présente loi se prescriront après trois mois révolus, à compter du jour où ils auront été commis ou du jour du dernier acte d'instruction ou de poursuite s'il en a été fait.* »

Naturellement, vous ne pouviez l'ignorer, et le fait de vous y être référé sera sûrement apprécié par les personnes qui ont peut-être des illusions.

Le fait d'utiliser un argument dont on sait pertinemment l'inapplicabilité est de plus en plus fréquent...

Vous invoquez ensuite l'article L. 121-1. « *L'auteur jouit du droit au respect de son nom, de sa qualité et de son œuvre. Ce droit est attaché à sa personne. Il est perpétuel, inaliénable et imprescriptible. Il est transmissible à cause de mort aux héritiers de l'auteur. L'exercice peut être conféré à un tiers en vertu de dispositions testamentaires.* »

Si monsieur Richard Seff avait, en 1998, présenté une œuvre digne de Jacques Brel, il aurait effectivement pu être déçu de ne pas être encensé mais même les auteurs d'œuvres majeures n'échappent pas à la critique.

Il vous suffit d'ouvrir la presse pour trouver des critiques plus acerbes sur des créateurs dont l'œuvre est objectivement supérieure à celle de monsieur Richard Seff en 1998.

Le dialogue intérieur de l'auteur est un extrait d'une œuvre littéraire, roman se situant dans un contexte existant. Tout auteur est sujet à la critique. Quand elle est fondée, plutôt qu'essayer par des moyens risibles d'essayer de la rendre invisible, il ferait mieux de répondre en progressant.

Si vous souhaitez contester la liberté de critique en France, commencez donc par le blog de votre collègue, maître Philippe Bilger (dont je vous conseille de toute manière la lecture et à vos clients de même), avocat général près de la cour d'appel de Paris.

Messieurs Francis Cabrel et Richard Seff viennent, par cette demande, de montrer une très intéressante facette de leur personnalité et c'est peut-être ce qui restera d'eux dans l'Histoire.

Si monsieur Francis Cabrel et monsieur Richard Seff s'intéressent réellement à mes écrits (et non pas à ce qu'ils trouvent sur eux en lançant une requête sur gofrance.fr) ils connaissent mes réflexions sur les exigences d'autocensures présentées par des notables, sommités, entreprises qui pensent pouvoir obtenir, avec leur argent, un web conforme à leur dossier de presse. Mais il existe des Hommes libres. *Serait-il impossible de vivre debout*, chantait Jacques Brel.

Naturellement, monsieur Francis Cabrel et monsieur Richard Seff, s'ils mesurent le grotesque de la demande qu'ils vont ont prié d'effectuer, peuvent m'envoyer une lettre d'excuse. Je leur adresse ma plus profonde compassion.

Et c'est justement parce que je suis celui qui analyse l'autocensure sur internet, que je vais m'autocensurer, me coucher devant messieurs Cabrel et Seff, « *procéder au retrait de la page* » que vous osez qualifier de « *litigieuse.* » La remplacer par cette lettre. Et attendre ! Vont-ils, maintenant, messieurs Cabrel et Seff, exiger un grand autodafé du roman *La faute à Souchon ?*
C'est TOUT CE QU'ILS VOUDRONT (référence à une chanson d'Alain Souchon). Mais là, à deux conditions : que l'autodafé se déroule devant chez monsieur Cabrel, à Astaffort, et en direct sur TF1 (avec la présence des pompiers payés par monsieur Cabrel dont la fortune doit permettre une telle fête : j'accepte même qu'elle se déroule un soir où il n'y a pas de football à la télé).

Veuillez agréer, cher Maître, mes respectueuses salutations.

6) Changer la sacem de l'intérieur ? Candidat en 2009

Je décidais donc d'être candidat l'année suivante. Mais le conseil d'administration m'étant fermé pour cause de non appartenance à l'oligarchie, il ne me restait que la *Commission prévue à l'Article R. 321-6-3 du Code de la Propriété Intellectuelle.*

Décret numéro 2001-334 du 17 avril 2001 portant modification de la partie Réglementaire du code de la propriété intellectuelle et relatif au contrôle des sociétés de perception et de répartition des droits

« Art. R. 321-6-3. - L'associé auquel est opposé un refus de communication peut saisir une commission spéciale composée d'au moins cinq associés élus par l'assemblée générale parmi ceux qui ne détiennent aucun mandat social.
« Les avis de cette commission sont motivés. Ils sont notifiés au demandeur et aux organes de direction de la société.

« La commission rend compte annuellement de son activité à l'assemblée générale. Son rapport est communiqué au ministre chargé de la culture ainsi qu'au président de la commission prévue à l'article L. 321-13.

Ce qui devait me permettre une présentation dans la revue éditée par la sacem pour ces élections. Enfin l'opportunité de m'adresser aux membres... certes seulement ceux qui recevront ce document !... Je n'hésitais pas à provoquer dans ma lettre de candidature :

Monsieur Laurent Petitgirard
Président du Conseil d'Administration SACEM
255 Avenue Charles De Gaulle
92 528 Neuilly-sur-Seine Cedex

Objet : candidature à la commission prévue à l'article R.321-6-3 du Code de la propriété intellectuelle

Monsieur le Président du Conseil d'Administration,

Je fais par la présence **acte de candidature à la commission prévue à l'article R.321-6-3 du Code de la propriété intellectuelle.** Je suis membre de la sacem (carte numéro 15------- compte 7-----) et ne détiens aucun mandat social. Je présente cette candidature sous le nom de **Stéphane TERNOISE**, qui est mon pseudonyme officiel (sur carte d'identité) et aussi mon nouveau « nom de compte sacem », acte pour lequel j'ai payé 66 euros. **Si une adresse postale doit être communiquée : Jean-Luc Petit – BP 17 – 46800 Montcuq.**

J'ai bien noté que la sacem étant statutairement une oligarchie, les membres ordinaires (par opposition à l'oligarchie) ne recevront pas de bulletin de vote et leur voix sera limitée à une voix s'ils entreprennent les démarches pour participer au vote, leur voix est limitée à une voix, ce qui serait logique si les membres de l'oligarchie (ainsi nommés les membres dits sociétaires définitifs ou sociétaires professionnels) ne possédaient pas plus d'une voix.

Je vous prie de me confirmer ma candidature et suis curieux de voir comment vont se dérouler ces élections. Naturellement, je ne manquerai pas d'en informer les membres de la sacem qui suivent mes chroniques sur internet.

Veuillez agréer, monsieur le Président du Conseil d'Administration, mes montcuquoises salutations.
STEPHANE TERNOISE, parfois auteur de chansons, écrivain non subventionné.

Une réponse, par lettre, de Sylvain Lebel stoppait une partie de cette ambition,

Mon Cher Confrère,

Les membres du Conseil d'administration ont pris acte de votre candidature à la Commission prévue à l'Article R. 321-6-3 du Code de la Propriété Intellectuelle en qualité d'auteur dans le cadre des élections qui seront organisées lors de la prochaine Assemblée Générale du 16 juin 2009.

Prenant connaissance des termes du curriculum vitae que vous nous avez adressé, les membres du Conseil d'administration ont considéré que ceux-ci n'étaient pas conformes à la décision du Bureau du Conseil d'administration du 2 décembre 2003, dont Madame Chantal ROMANET, Responsable du Service des Affaires Sociales, vous avait communiqué la teneur en date du 18 mars dernier.

En effet, les notices biographiques des candidats au Conseil d'administration et aux Commissions statutaires sont limitées à 200 mots au maximum ce qui implique qu'elles ne sauraient renvoyer à un ou plusieurs sites internet.
Il convient donc de retirer de votre curriculum vitae toutes les adresses internet qui y figurent. Nous avons procédé à ces retraits et vous trouverez, ci-joint, le texte qui en résulte.

Vous préférerez peut-être rédiger un texte différent, bien entendu dans le strict respect des termes de la décision du Bureau du Conseil d'administration de décembre 2003 dont je vous joins, à toutes fins utiles, un exemplaire.

Faute d'une réponse de votre part avant le 17 avril, c'est le texte corrigé, joint en annexe à la présente, qui sera publié.

Je vous prie d'agréer, Mon Cher Confrère, l'expression de mes sentiments distingués.

Sylvain LEBEL.

Que note le Bureau du Conseil d'administration du 2 décembre 2003 au sujet des adresses Internet ?

SOCIÉTÉ DES AUTEURS, COMPOSITEURS ET ÉDITEURS DE MUSIQUE

Décision du Bureau du Conseil d'administration du 2 décembre 2003

Le Bureau décide que :

- Les notices biographiques des candidats au Conseil d'administration ou aux Commissions statutaires seront limitées à 200 mots au maximum.

- Le contenu et la rédaction de chaque notice seront établis par le candidat concerné, et sous sa responsabilité.

- Les notices devront présenter un caractère strictement professionnel, et ne devront pas comporter de propos contraires aux intérêts de la société, d'allégations diffamatoires, injurieuses ou inexactes, d'indication de nature confessionnelle ou politique, et de profession de foi ou de programme électoral.

- La conformité des notices biographiques des candidats

avec les dispositions qui précèdent sera vérifiée par le Conseil d'administration, lequel pourra d'office supprimer les mentions non conformes aux dispositions ci-dessus.

Il s'agit donc d'une "libre interprétation" de cette décision ! Aucune décision d'exclusion des adresses de sites internet dans la décision du Bureau du Conseil d'administration du 2 décembre 2003 !
Naturellement, je ne suis pas élu. En 2010, j'ai retenté. Cette fois sans spécifier de nom de domaine mais avec des titres de chansons déposées, qui furent supprimées également ! (oligarchie.fr étant le titre d'une chanson, suppression sans même une lettre de monsieur Lebel)

7) Ils soutiennent logiquement les industriels

En 2009, je continuais le combat également au niveau de l'information, en février, dans une chronique intitulée « *SACEM : ils soutiennent logiquement les industriels* », et faxée au directeur de la rédaction de nombreux quotidiens, mensuels et même *Médiapart* et *Rue89* durant le semestre. Naturellement, par rapport aux documents précédents, vous subirez des "*redites*".

SACEM : ils soutiennent logiquement les industriels

De Stéphane Ternoise
http://www.journaliste.me

Qui comprend vraiment le rôle et les objectifs de la sacem ?
La sacem... Plus de 120 000 membres appelés à soutenir « *le texte du projet de loi Création et Internet.* » Il en allait de « *l'avenir de notre profession* » !... suivant les mails envoyés par notre vénérable institution de Neuilly... « *la mobilisation de tous les acteurs de la filière musicale (...) est vitale pour stopper l'hémorragie économique et sociale provoquée par le téléchargement illégal.* »
Et ce serait le paradis !
« *Par l'adoption de la loi Création et Internet, une chance nous sera donc donnée de ne plus subir Internet comme un danger, mais de l'utiliser pour promouvoir les nouveaux modèles économiques dans un cadre plus équitable.* »
Quand Bernard Miyet, président du Directoire de la sacem, ose le terme équitable, les membres doivent l'acclamer ?... Ou enfin oser écrire la réalité sur notre sacem, oligarchie d'inféodés aux majors ?

Laurent Petitgirard, président du Conseil d'administration, débutait en avril 2004 son édito de *LA LETTRE* (de la sacem) par : « *En décembre 2003, le Conseil d'administration de la Sacem a décidé de baisser de 50% le « cens argent », c'est-à-dire le minimum de droits qu'il faut pour pouvoir accéder au statut de sociétaire professionnel, puis à celui de sociétaire définitif.* »

Explication très instructive : « *Cette baisse n'a pas été décidée arbitrairement, le Conseil ayant constaté que le cens argent, indexé sur l'évolution de la répartition des droits, avait depuis 1980 augmenté deux fois plus vite que les indices servant de référence à la revalorisation des salaires.* » Le conseil a pris le temps pour constater !

On peut traduire par : depuis des décennies, le conseil d'administration limitait au maximum l'accès au statut de sociétaire professionnel (en exigeant des revenus quasiment impossibles à atteindre sans travailler pour les majors), permettant à un petit groupe inféodé aux majors de diriger sans opposition notre vén(ér)a(b)le institution.

Devenir « sociétaire professionnel », c'est obtenir 16 voix à l'Assemblée générale, être éligible… et recevoir les bulletins de vote, pouvoir voter par correspondance… quand les simples membres doivent s'informer et se déplacer à Neuilly s'ils veulent que leur petite et unique voix soit comptabilisée.

Membre de la sacem depuis l'an 2000, j'obtenais alors mes premières informations sur le cercle restreint : « *Vous étiez en tout 116 lors de la promotion de 2003. Avec cette mesure, vous serez 760 en 2004, parmi lesquels 576 nouveaux sociétaires professionnels et 187 nouveaux sociétaires définitifs* ».

Mais le nombre total des oligarques reste « un secret »…

levé dans la même LETTRE, en juillet 2006 : « *1971 sociétaires professionnels et 1766 sociétaires définitifs »…* en fin d'un article où le siège de Neuilly a accueilli la « *promotion 2006* », soit « *230 nouveaux sociétaires professionnels et 83 nouveaux sociétaires définitifs.* »

576 sociétaires professionnels en 2004, 230 en 2006, on peut présager un nombre similaire en 2005, soit 576 + 230 + 230 = 1236, qu'il convient de retirer des 1971 sociétaires professionnels, ce qui nous donne par extrapolation assez précise pour 2003 : 735 sociétaires professionnels ; nous pouvons conserver les 1766 sociétaires définitifs, en considérant que les sociétaires définitifs 2006 étaient déjà au moins sociétaires professionnels en 2003.

Pour obtenir le véritable chiffre des membres qui comptaient à la sacem avant la petite ouverture, il convient donc d'ajouter 1236 et 1766. Soit environ 3000. Le passage à environ 4000 n'y change pas grand chose : une oligarchie dirige la sacem et la politique du Conseil d'Administration vise naturellement au maintien des privilèges de ces sommités. Les autres sont priés de signer des pétitions quand l'ancien maire de Neuilly souhaite se proclamer du côté des créateurs même si Carla Bruni adore être « *téléportée.* »

Les élections au Conseil d'Administration sont toujours l'occasion d'un grand bluff de communication : seul le nombre de voix obtenu est noté… le nombre de votants n'apparaît jamais. Ainsi en 2008, Richard Seff, catégorie auteur, fut élu avec 9871 voix. Ce qui, en appliquant la règle des 16 voix par oligarque, peut représenter moins de 650 électeurs… sur plus de 120 000 membres !… Quelle crédibilité pour parler en notre nom !… Et un éditeur fut encore plus mal élu, avec 7429 voix (Christian de Ronseray).

Jamais la sacem n'a vu en Internet la chance historique pour les créateurs de se libérer de l'emprise des marchands, des majors, des vendeurs…
Finalement, pour notre sacem, ce serait un moindre mal, le remplacement des vendeurs physiques par des vendeurs numériques… avec toujours les mêmes têtes de gondoles : peu importe l'éclosion de quelques stars via le net, elles sont rapidement aspirées par « le système » (pitoyable constat : à peine « découverts », les « jeunes artistes » s'empressent de se lier à une major !), l'essentiel est préservé : la prééminence des mastodontes sur les créateurs.
La *dernière lettre de la sacem* est significative du modèle économique souhaité (« *équitable* » !) : sur un téléchargement légal, la sacem redistribue 7 centimes aux auteurs compositeurs éditeurs…
Alors qu'un autre modèle économique était (est encore ?) possible : le téléchargement via le site de l'artiste avec répartition instantanée des sommes payées… Rien qu'une année de l'enveloppe « soutien culturel » de la sacem aurait suffi à développer un logiciel sécurisé… Mais l'enveloppe « soutien culturel », prélevée sur l'ensemble des membres, revient aux projets estampillés « utiles »…
Presque un épiphénomène comparé aux conséquences de la politique générale de la sacem.

Stéphane Ternoise - http://www.auteur.pro

8) Faire rire et réfléchir

En janvier 2010, fut déposé à la sacem le sketch intitulé "*44 472 733 inscrits*".

44 472 733 inscrits

Aux élections présidentielles d'avril et mai 2007, nos listes électorales comptaient 44 472 733 inscrits.

Chacun avait, naturellement, une voix. Nous sommes presque dans l'obligation d'ajouter naturellement, pour signaler cette égalité un ou une inscrit, une voix.

Nul ne doute que, la France recelant de nombreux chanteurs engagés, des auteurs compositeurs interprètes louangés pour leur grandeur d'âme et leur sens civique, nos Renaud, Souchon, Cabrel, Bruel, Carla Bruni et les autres n'hésiteraient pas à mettre leur vie en jeu pour oser chanter, défier le pouvoir, si un jour la loi électorale venait à changer. Même si elle changeait au Chili, il devrait se trouver en France des chanteurs assez courageux pour hurler leur indéfectible soutien à la démocratie.

Imaginez que sur plus de 44 millions d'électrices et électeurs, un million cinq cent mille, les 3 % les plus riches, aient droit à 16 voix par votes. Quant aux 43 millions insuffisamment fortunés, ils auraient, quand même, droit à leur petite voix par membre de cette grande communauté.

Qui plus est, dans cette élection nouvelle formule de notre président de la République, les un million cinq cent mille membres de l'oligarchie, les 3 % pourvus de 16 voix par nez, recevraient les bulletins de vote chez eux, avec la possibilité de voter par correspondance.

Quant aux citoyens de seconde zone, ils devraient d'abord, par tout moyen à leur convenance, s'informer de la date de l'élection et se rendre à Neuilly, par tout moyen à leur convenance, et là y déposer un bulletin dans l'urne. A voté !

Vous me direz, il y aurait une révolte des 43 millions d'électeurs qui se mobiliseraient car leurs voix cumulées dépassent, malgré tout, 16 fois un million cinq cent mille, donc ils peuvent prendre le pouvoir, rétablir ou établir la démocratie. Pas fous, les oligarques : pour être candidat à la présidence de la république, il faudrait être membre de l'oligarchie.

Nos chanteurs en perdraient la voix, devant une pareille confiscation de la démocratie ?

Pourtant, nous ne les entendons jamais, nos chanteurs millionnaires, dénoncer le fonctionnement de la sacem où une oligarchie d'environ 3% des membres, a ainsi confisqué le pouvoir lors de l'élection de son Conseil d'Administration qui définit la politique de la maison, qui se fait naturellement au mieux des intérêts des 120 000 membres, nous n'en doutons pas ! Comme toutes les dictatures l'ont affirmé, les oligarchies sont éclairées. Et tout déviant prétendant le contraire doit être rééduqué !
Dans "Le magazine des sociétaires Sacem mai-août 2012" je souris en lisant une grande publicité :

**« Certaines élections ne font pas autant de bruit que les autres.
Elles n'en sont pas moins importantes...**

L'assemblée générale annuelle de la Sacem a lieu le mardi 19 juin 2012 à 14 h 30
au siège de la Sacem, 225 avenue Charles-de-Gaulle, à Neuilly-sur-Seine. »

9) Oligarchie.fr

En février 2010, Oligarchie.fr donc, un texte de chanson déposé à notre vénérable sacem avant les élections annuelles.

Je venais de réussir à obtenir le site www.oligarchie.fr, non renouvelé par son précédent propriétaire.

Oligarchie.fr

Quelque part entre démocratie et monarchie
Quelques privilégiés se sont tout approprié

Oligarchie

Parfois même dans notre pays elle s'épanouie
La souveraineté à une minorité

Oligarchie

Il faut nous croire tous atteints d'une sévère myopie
On ne sait plus analyser la réalité

Oligarchie

Nos chanteurs engagés vont la mettre en charpie
Sauf si leur intérêt dépasse leur intégrité

Oligarchie

Les dynasties acceptent quelques beaux assujettis
Tout régime a besoin de crétins récompensés

Oligarchie
Oligarchie

10) oligarchie.org

En juin 2010, pour oligarchie.org, j'ai repris le texte de 2008 :

La sacem, un fonctionnement en question : 120 000 membres mais un Conseil d'administration représentant d'une oligarchie.

Malgré la mise en place du vote électronique pour l'assemblée générale annuelle 2010 de la sacem, rien n'a changé : présentation d'une oligarchie : la sacem...

Malheureusement, ni oligarchie.fr ni oligarchie.org ne semblent intéresser les médias, et même les membres de la sacem. Je crois qu'un aquabonisme profond gangrène ce pays ! Certes, peut-être le calme avant la tempête. Un minuscule élément peut déclencher un véritable mouvement, qui s'appuierait alors, peut-être, sur certaines de ces analyses. D'où l'importance, malgré l'absence de réactions, de continuer, d'approfondir le sujet...

11) Subventionner : censure déguisée

Subventionner : censure déguisée

Bien plus subtil que la censure
Tenez-les par le bout du nez
Suffit d'les subventionner
Et ils raseront les murs

En haut de l'affiche
Des subventionnés
Des petits caniches
Ovationnés
Les insoumis à la niche
Personne vous connaît
Ma chanson ils s'en fichent
Elle sera pas diffusée

Même le président d'une région
Celui d'un Conseil Général
Financent quelques festivals
Distribuent des subventions

Quand il faut plaire aux extrêmes
Les installés ont leurs rebelles
Ils se gavent à la gamelle
Et bavent contre le système

En haut de l'affiche
Des subventionnés
Des petits caniches
Ovationnés
Les insoumis à la niche
Personne vous connaît
Ma chanson ils s'en fichent
Elle sera pas diffusée

Pour décerner les subventions
Bien sûr il faut du personnel
C'est au budget culturel
Qu'les amis émargeront
Bien plus subtil que la censure
Tenez-les par le bout du nez
Suffit d'les subventionner
Et ils raseront les murs

En haut de l'affiche
Des subventionnés
Des petits caniches
Ovationnés
Les insoumis à la niche
Personne vous connaît
Ma chanson ils s'en fichent
Elle sera pas diffusée

Un texte également publié dans *"Chansons trop éloignées des normes industrielles et autres Ternoise-non-autorisé"*, suivi d'un court commentaire :

L'époque est à l'information des consommateurs : logos et inscriptions légales se multiplient.
Je préconise la création d'un « attention, ce produit est issu de la Kulture subventionnée. »
Les amis de vos amis, et ainsi tout s'ensuit, peuvent si les mails s'en mêlent, être avertis avant la nuit de la censure qui avant, c'est sûr, serait restée étouffée au moins des années.

La « société traditionnelle du comptoir » méprise l'indépendance : on se doit d'être « tous ensemble ». Et qui ne marche pas derrière la banderole sera vilipendé d'égoïste : « il se prend pour qui »…

53

Il leur reste le pouvoir d'insulter ! Comprendre comment des êtres en sont arrivés à passer chaque jour au « rendez-vous des amis » permet de se détacher totalement de tout vent mauvais parvenant parfois (ils savent maintenant utiliser les e-mails !).

Les êtres de réflexions sont minoritaires et même quand ils publient, doivent savoir qu'au mieux une infime partie de la population sera réceptive.
Comprendre le monde permet d'éviter déceptions et chagrins.

12) Argent... d'un modeste membre

J'ai reçu début janvier 2013 mon relevé de compte sociétaire, la 621ᵉ répartition, du 04.01.2013, avec un solde antérieur à 0 euro.

Au crédit :

Téléchargement fichiers musicaux France	10,37
Téléchargement fichiers musicaux Etranger	0,05
(Italie et Belgique)	
Régularisation déduction forfait TVA	0,08

Au débit :

Cotisation SACEM	8,00
Cotisation Agessa Formation	0,04
Cotisation Assurance Maladie	0,09
Prélèvement CSG non déductible	0,24
Prélèvement CRDS 0.5%	0,05
Prélèvement CSG Déductible	0.52

Il reste donc en solde 1,46 euro.
En bas de page : solde non réglé – s'ajoutera à votre prochaine répartition.

Rarement l'une de mes répartitions atteint les 25 euros qui déclenchent le paiement (si 25 euros constitue toujours le minimum), ainsi à chaque répartition, la "cotisation sacem" grignote le peu de droits des modestes auteurs... Etonnant, non ? C'est légal, c'est une décision du Conseil d'Administration, celui des membres de l'oligarchie, naturellement une oligarchie éclairée pour laquelle les idiots utiles devraient se mobiliser quand elle craint pour ses avantages et son système.

Naturellement, dans cette répartition ne figure toujours

aucun droit d'un humoriste qui utilisa mes textes. Je reste en contact épisodique et emaillaire avec un salarié de la sacem, à ce sujet. Sur les trois lieux de représentation notés, pour l'instant, une réponse : celle de Montauban n'existe plus.

Une lettre postale m'est également parvenue à ce sujet en juin 2012 :

« Cher sociétaire,

Suite à votre mail de septembre 2011, nous sommes intervenus auprès des délégations concernées pour leur demander d'effectuer les vérifications nécessaires.
Or, l'une des délégations nous a fait part de recherches infructueuses quant aux spectacles de Montauban et Rocamadour, c'est pourquoi nous poursuivons les recherches.
La recherche des éléments utiles à l'instruction de votre dossier demande un délai supplémentaire.
Pour autant, nous mettons tout en œuvre pour le traiter dans les meilleurs délais et y apporter une réponse... »

Les frais élevés de la sacem sont également "justifiés" par le travail de contrôle de la société. Il semble cependant que des spectacles puissent ne pas être déclarés. Ou déclarés avec d'autres titres que ceux réellement interprétés ?
Naturellement, les auteurs se retrouvent dans une délicate situation, quand ils doivent dénoncer des interprètes par qui passent leur possibilité d'exister sur scène. J'ai noté trois lieux, Montauban et Rocamadour car j'y ai assisté, avec enregistrement artisanal des interprétations de mes textes et Paris car l'humoriste resta quatre mois dans cette salle. Il présenta naturellement ce spectacle avec mon nom sur les affiches dans bien d'autres

villes. Je n'ai pas participé à l'écriture de son nouveau spectacle. Comme n'avaient pas participé à l'écriture du spectacle dans lequel figuraient mes textes, les auteurs de son précédent show. Etonnant non, résumerait peut-être monsieur Desproges.

13) Le salaire du patron

Le salaire de monsieur Bernard Miyet semble déjà oublié ! Puisqu'il est parti ! Son successeur ayant accepté le poste à des conditions moins avantageuses, circulez y a rien à renifler !

Bernard Miyet est arrivé à la Sacem le 5 octobre 2000, comme Vice-président du directoire, et il fut naturellement élu Président du directoire au 1er février 2001, réélu trois fois jusqu'en fin juin 2012. Ce devait être 2013, ce fut 2012. Peut-être parce que les vagues de son salaire montaient trop haut.

En 2010, son salaire était sorti dans les médias à 600 000 euros par an, suite à un travail de la Cour des comptes. Il choqua même des parlementaires.

Dans "*Main basse sur la musique*", publié en 2003 chez Calmann-Lévy, Irène Inchauspé et Rémi Bedeau, journalistes (Le Point, Le Figaro), racontent son arrivée en remplacement du grand maître durant quatre décennies, Jean-Loup Tournier, dont un récapitulatif (décembre 1998) annuel du bulletin paie est détaillé, à 425 000 euros. Selon les auteurs, qui spécifient leur source, un entretien avec M. Miyet le 19 décembre 2001. Ce dernier aurait demandé le salaire de son prédécesseur, qui fut considéré comme l'as de l'obscurantisme ! J'ai lu son "*vivre de sa musique à la sacem*", œuvre que l'on peut qualifier d'hagiographique et sans réel intérêt (lecture néanmoins indispensable à qui souhaite comprendre la manière dont la sacem est devenue cette oligarchie à la dérive). Apprécions, de 2006, un magnifique « *...le fameux réseau dit Internet, véritable apprenti sorcier de la reproduction et de la diffusion des œuvres sans ordre ni contrôle* *jusqu'à présent, dans notre domaine. Il s'agit de la plus remarquable machine à violer les droits des créateurs qu'on ait jamais conçue, qui permet à tout un chacun de se transformer en pirate, grand bénéficiaire de la contrefaçon des disques ou autres supports d'œuvres sonores et audiovisuelles. »* Quant à la plus remarquable machine à voler les créateurs, monsieur Tournier, avez-vous un nom ? La grande crainte du potentat fut une nationalisation mitterrandienne et il pestait contre « *certains dirigistes, avides de tutelle, contrôle ou autres contraintes* » pour finalement dénoncer la mise en place du « *contrôle aussi astreignant qu'inutile et coûteux.* » Je parlerais plutôt d'un contrôle insuffisant, laxiste, trop peu contraignant. Une dernière belle phrase : « *Pierre Delanoë, sans doute l'auteur de chansons contemporaines le plus talentueux et productif connu en France.* »

La section syndicale CFDT de la Sacem livra sa petite analyse en novembre 2011 :

« *A défaut d'être parvenu à soulever un semblant d'enthousiasme, le passage de Bernard MIYET aura parfois donné l'illusion d'un halo protecteur. Pur mirage. La Sacem qu'il s'apprête à quitter au terme de cette longue décennie se retrouve fragilisée, déprimée et contestée comme jamais. Des trois défis majeurs qui se dressaient devant lui (la transparence des fonctionnements, la modernisation des outils et le virage d'Internet), il n'aura su en relever aucun. De sorte que le discours lénifiant qu'il nous a déroulé en boucle, année après année, apparaît cruellement pour ce qu'il était vraiment : du vent !*

Pour autant, ces années décevantes ne sont pas, loin s'en faut, le fait du seul Bernard MIYET. Par ses

aveuglements, ses inconséquences et ses arrogances, l'équipe dirigeante en place porte une lourde responsabilité dans la décadence en marche. Sans autre ambition que de préserver ses pouvoirs et ses privilèges, sans autre projet que de se survivre, elle pilote à la petite semaine une entreprise qui doute de tout, à commencer d'elle-même. Seul le profond attachement des salariés à leur entreprise et leur loyauté jamais démentie à l'égard des auteurs ont permis de conserver encore la tête hors de l'eau. Mais pour combien de temps encore…? »
http://cfdt.sacem.free.fr/site/actupdf/Actu201111.pdf

L'hommage de Laurent Petitgirard, président du Conseil d'administration, membre de l'Institut avait déjà été à minima dans le Magsacem : *« Bernard Miyet, président du directoire, qui aura dirigé notre société avec talent pendant près de douze années. »* Un peu tard, tout cela !

Le Conseil d'administration de la Sacem du jeudi 17 novembre 2011 "a désigné" Jean-Noël Tronc pour succéder à Bernard Miyet. Oui, je place des guillemets pour "a désigné." Car je m'interroge !

Jean-Noël Tronc ? 43 ans, diplômé de l'Institut d'Etudes Politiques de Paris et de l'ESSEC. Un brillant homme ayant débuté auprès du Vice-président de la Commission économique du Parlement Européen, qu'on retrouve ensuite ingénieur-conseil chez Accenture de 1993 à 1995, puis chargé de mission au Commissariat général du Plan de 1995 à 1997, Conseiller pour les technologies et la société de l'information auprès du Premier ministre (Lionel Jospin) de 1997 à 2002. Quand le candidat presque socialiste échoue à la dernière marche, il devient Directeur de la stratégie et de la marque Orange puis Directeur général d'Orange France, de 2002 à 2007, avant un détour chez Canal Plus Overseas, Président-directeur général. Ce parcours peut mettre en évidence des liens très étroits entre la politique, le public et de grands groupes du privé. Non ? Conclusion inopinée ? J'ajoute néanmoins : oligarchie.

Un article de latribune.fr (Sandrine Bajos) du lendemain titre toujours "*Un proche de François Hollande à la tête de la Sacem.*"

« *Jean-Noël Tronc, ancien conseiller Internet de Lionel Jospin, ancien directeur général d'Orange, est nommé numéro un de la Sacem. Il remplace Bernard Miyet dont la gestion était critiquée et prendra ses fonctions au plus tard en juin 2012.*

(...)

La gestion de Bernard Miyet avait été épinglée au grand jour en avril 2010, à la suite de la publication d'un rapport d'une commission rattachée à la Cour des comptes. Ce dernier dénonçait alors les salaires pratiqués à la Sacem et surtout ceux des dirigeants. Et en particulier celui du président qui touche, selon nos informations, près 750.000 euros par an.

(...)

Toujours dans le souci de redorer l'image de la Sacem et "afin de simplifier son organisation et son fonctionnement", le conseil a modifié les statuts de la société de gestion de droits. Jean-Noël Tronc est ainsi nommé directeur général de la Sacem.

(...)

Un proche de François Hollande

Sans emploi depuis qu'il avait quitté il y a pratiquement un an la présidence de Canal + Overseas, filiale du groupe Canal+ en charge de l'international et de l'Outremer français, Jean-Noël Tronc n'est pas resté inactif pour autant. Homme de gauche et proche depuis longtemps de François Hollande, il a occasionnellement conseillé le candidat socialiste sur les questions médias et Internet. »

http://www.latribune.fr/technos-medias/medias/20111118trib000665319/un-proche-de-francois-hollande-a-la-tete-de-la-sacem.html

Le 30 août 2012, *capital* : « *Salaires rebondis (49.000 euros brut annuels en moyenne, sur quatorze mois), primes en pagaille, régime de retraite mirobolant, jours fériés « rattrapés » lorsqu'ils tombent un week-end, accord d'intéressement exorbitant, frais souvent remboursés sans notes, sans parler de la garantie de l'emploi et des neuf semaines de congé... Et la direction n'est pas la dernière à se servir. Comme l'a révélé la Cour des comptes, le précédent patron, Bernard Miyet, était payé 750.000 euros par an, et ses dix principaux cadres 266.000 euros en moyenne. Grâce à quoi cette noble maison engloutit aujourd'hui 20% de ses recettes en frais de gestion – et non 15%, comme tente de le laisser croire Jean-Noël Tronc.*

( )

Jean-Noël Tronc a en effet exigé un salaire de 400.000 euros par an, pratiquement le même que celui du patron de la SNCF. « Depuis 2003, les revenus des sociétaires ont baissé de plus de 25%, j'entends donner l'exemple », serine-t-il cependant sur l'air du pipeau. »

http://www.capital.fr/enquetes/hommes-et-affaires/le-nouveau-patron-de-la-sacem-est-la-bete-noire-des-petits-commercants-751921

Quel fut le salaire de Bernard Miyet ? 425 000 euros en 2001 ? Combien en 2010 ? 600 000 ? 750 000 euros. Les membres du Conseil d'Administration doivent le savoir !

Dix ans après son départ, Jean-Noël Tronc reviendrait donc à un salaire exorbitant du niveau de Jean-Loup Tournier. Est-ce satisfaisant ? Acceptable ?

400 000 euros, soit 50 000 fois les désormais 8 euros de "cotisation sacem." Oui, il semble possible de payer le patron sur les insignifiants de mon genre !
Le problème de la sacem, ce n'est même pas le salaire du patron, si excessif soit-il, mais la confiscation du pouvoir par une minorité qui tient ainsi le Conseil d'Administration, oriente la politique de la société, dont les règles de répartitions, les subventions et naturellement le salaire du patron ! Tout est lié... La sacem, où l'exemple de l'échec de la gestion collective...

14) La gestion collective...

Dénoncer "la gestion collective", seuls les méchants capitalistes s'y oseraient ! La gestion collective, c'est le "tous ensemble" qui permet aux artistes d'être entendus... D'ailleurs « *la gestion collective obligatoire est un recours imparable, mais elle ne sera pas mise en place avant 2012-2013...* » Une confidence de Vianney de la Boulaye, directeur juridique de *Hachette Livre*, en décembre 2010, au sujet des difficultés à obtenir les droits numériques des auteurs. Naturellement, c'est un recours imparable pour permettre aux auteurs de tirer le meilleur profit possible de leurs œuvres, le groupe Lagardère étant un bienfaiteur de la culture française...

Hé oui, on met tous les auteurs dans le même panier, quelques oligarques venus d'autres oligarchies les représentent et rapidement la nouvelle société s'inscrit dans l'oligarchie globale, parfois même "oublie" le collectif de son ambition initialement prétendue, pour défendre les intérêts de l'oligarchie, qui conforte ainsi sa mainmise sur l'ensemble de la société. Et comme parfois les oligarques se sentent menacés, par Google, Amazon ou Itunes, ils peuvent demander aux membres de base leur signature ou leur présence dans un cortège. « *Manipulation des foules* » chante Gérard Manset... [il ne s'agit nullement de caricaturer en un quelconque "big brother" tirant les ficelles mais de constater le résultat d'une dérive sûrement fondamentalement inhérente à la nature humaine où une minorité qui arrive à se penser nettement supérieure aux autres essaye d'asseoir sa domination, d'où la nécessaire régulation démocratique. C'est bien à un détournement de démocratie que nous assistons, l'alternance Nicolas Sarkozy - François

Hollande en étant un flagrant exemple politique. Faire tomber l'oligarchie de la sacem serait un acte révolutionnaire ! Noble ambition à mettre en chansons !]

Pourquoi, alors que nous sommes beaucoup plus nombreux (salut monsieur Coluche) laissons-nous faire ? Le premier qui ose dénoncer, s'indigner, est black-listé. Un créateur sans média est invisible. Un créateur dont les portes se ferment systématiquement devant le nez, se retrouve… oui, avec le « nez cassé » ! Mais les médias sont naturellement indépendants des oligarchies ! (non ce n'est sûrement pas le titre d'une chronique de Valérie T dans le *Paris-Match* de cette semaine) En êtes-vous certain ? Au delà des cas flagrants de contrôle capitalistique, la publicité convertit bien des tentatives généreuses, et le temps, les relations, se chargent du reste. Avec le temps, va… On finit par ressembler au milieu que l'on côtoie, on prend le cœur de la fonction, mi aigri mi fataliste. Comment croire en l'indépendance de journalistes qui voyagent régulièrement avec un président ? Pas seulement à Moscou mais également à Paris ! De nombreux journalistes voudraient bien envoyer un coup de pied dans la fourmilière mais comme le résumait Daniel Carton « *il faut bien bouffer !* »
Les oligarques nous tiennent en nous laissant espérer qu'un jour nous réussirons à entrer dans le cercle restreint. Mais combien de ceux maintenus dans l'ombre ne voient jamais le soleil ?

Il reste toujours l'espoir qu'un texte constitue l'élément déclencheur. Un jour un journaliste osera donner de l'audience à ce genre d'analyse, il y gagnera la rancune de quelques grandes fortunes mais également une notoriété qui le mettra à l'abri, un peu. Les "médias sociaux" peuvent également s'emballer sur un rien. Et il existe des fluctuations historiques : l'impossible le devient, il est évident que quelque chose va se passer. Mon problème, c'est de tenir jusqu'à cette période où mes écrits seront suffisamment lus pour me permettre d'en vivre décemment. Vincent Van Gogh aurait sûrement apprécié de connaître le triomphe de ses "croutes".

Une analyse d'Emmanuel Todd, notée du 15 août 2012, résume la situation : « *La vérité de cette période n'est pas que l'État est impuissant, mais qu'il est au service de l'oligarchie* » Désormais à la une de l'ignoré oligarchie.fr

Et comme l'écrivait Dominique Wolton dans marianne.net le 14 Décembre 2012 « *Si les journalistes sont de moins en moins crédibles, c'est parce qu'il existe une oligarchie médiatique qui ne représente ni l'opinion, ni la société, mais elle-même, et qui vit en symbiose avec l'élite politique.* »

J'espère, j'attends donc, un sursaut des politiques et des journalistes.

Utopie d'espérer que ce texte puisse y contribuer ?

Dominique Wolton ajoutait des phrases avec joie reprises : « *Ma démarche ne s'inscrit pas contre les journalistes, comme je l'écris depuis longtemps. Dans un univers saturé d'informations, ce sont des intermédiaires indispensables. Mais pourquoi ce milieu composé de gens intelligents est-il en train de basculer ? Pourquoi cette oligarchie n'entend-elle rien ?* »

Il distinguait « *trois groupes : l'« élite», l'oligarchie des éditorialistes et des dirigeants, qui remplace de plus en plus une élite intellectuelle, culturelle et universitaire déclassée depuis presque quarante ans. La classe moyenne des journalistes, majoritaire, de plus en plus intéressante, qui porte un regard critique sur l'oligarchie, mais n'ose pas l'affronter. Enfin, la troisième classe, les jeunes, en partie précarisés, qui sont souvent sur les réseaux. Ils veulent s'en sortir, mais manquent pour beaucoup de réflexion critique et s'imaginent qu'avec Internet, un nouveau monde s'offre à eux !"* »

Comment remplacer cette gestion collective ? M. Tournier redouta une nationalisation... L'informatisation de l'ensemble des flux permet d'envisager une gestion publique simplifiée des droits, en service universel. Naturellement, il ne s'agirait pas d'une gestion collective obligatoire mais d'une délégation de collecte des droits. Aucune nationalisation même : ce service public devrait permettre aux sociétés comme la sacem de s'éteindre faute de sociétaires ! Je doute que M. François Hollande ait cette grande ambition ! Je la lance donc pour 2017.

15) La sacem en 2013

La page "*La Sacem en chiffres*" ne regorge pas d'informations !

En 2012 :

- 145 000 sociétaires (dont 17 750 de nationalité étrangère)
- 62 millions d'œuvres du répertoire mondial représentées
- plus d'1,1 million d'œuvres (françaises et étrangères) déposées au répertoire
- 802,6 M€ de revenus collectés

En 2011 :

- 649,8 M€ répartis aux ayants droit (collectés en 2010 et 2011 - hors action culturelle)
- 18,4 M€ consacrés au soutien du spectacle vivant, de la création et de la formation dans tous les genres musicaux

Et c'est tout !
Combien de "grands électeurs" ? Nécessité de fouiner...

Juillet 2006 : « *1971 sociétaires professionnels et 1766 sociétaires définitifs* » : 3737.
En 2006, il y avait eu 230 nouveaux sociétaires professionnels et 83 nouveaux sociétaires définitifs.
Sachant que le sociétaire définitif doit passer par la case "sociétaire professionnel".

Les dernières informations sur le sujet figurent dans le numéro 81 de Magsacem, mai-août 2011 : « *Admis à la Sacem, les adhérents peuvent devenir sociétaires professionnels (deux mille deux cent cinquante-cinq actuellement), puis sociétaires définitifs (deux mille soixante-six), dès lors qu'ils remplissent les conditions de*

68

droits (« seuils ») pendant trois années consécutives sur les quatre dernières années précédant leur promotion. « La promotion de cette année compte deux cent quatre-vingt-dix sociétaires », indique Thierry Jotterand. Chaque année, ces nouveaux promus sont invités au siège de la Sacem pour participer à des rencontres ou à des « cérémonies » organisées en lien, là encore, avec le département de la communication. »

Disons donc, vers avril 2011 : « *2255 sociétaires professionnels et 2066 sociétaires définitifs* » : 4321.

En 2014, ont-ils fêté le 5 000 oligarques ? Non communiqué ! Soyons discrets...
La croissance du nombre de membres est naturellement plus importante que celle des oligarques.

Moins de 5 000 sur 145 000. Même pas 3,5%. Ce chiffre justifie bien l'utilisation du terme oligarchie, qui ne me fut jamais contesté, même quand il jaillit à la face de notre président (du Conseil d'Administration) en 2009.

Laurent Petitgirard, président du Conseil d'administration de la Sacem, dans le dernier magsacem (janvier 2013) "*le magazine des sociétaires sacem*", après avoir débuté son édito par « *Les remous de « l'affaire Depardieu » ont fait ressurgir toutes sortes de rancœurs, de confusions ou d'extrapolations qui appellent un éclairage serein. Gérard Depardieu, figure exceptionnelle de notre cinéma, a été pris dans une tourmente et on ne peut que déplorer avoir vu de hauts responsables politiques souffler sur les braises, au lieu de chercher à éteindre l'incendie. Dans la foulée, tous les clichés sur les gains des acteurs ou des auteurs sont revenus à la surface.* » Dans une approche très sacem d'en haut donc. Il nous informe : « *en 2011, 48 811 sociétaires Sacem ont touché des droits, pour une moyenne de 4 527 euros (elle était de 4 682 euros en 2009), que seuls 3 000 d'entre eux ont dépassé l'équivalent du smic annuel et que pour beaucoup de ceux qui ont touché moins, cet argent est essentiel (sont exclus de ces chiffres les droits des éditeurs ainsi que ceux reversés aux auteurs étrangers, par le biais de leur société de gestion collective).* » (*Numéro 86, janvier-avril 2013*)

Le chiffre de 3 000 doit être rapproché de l'approximation d'environ 5 000 oligarques. Certains le sont devenus mais n'ont pas réussi à maintenir leurs revenus...

Le numéro 85, septembre - décembre 2012, nous accordait un chiffre au sujet des élections. Comme d'habitude avec la communication sacem, ça se veut très optimiste mais une lecture édifiante est permise :
« *Pour la troisième année, les sociétaires ont pu s'exprimer en ligne du 22 mai au 18 juin. Le succès de ce mode de scrutin ne s'est pas démenti, avec plus de 750 votes électroniques supplémentaires par rapport à 2011. Tous modes de vote confondus (par correspondance, sur place et en ligne), 3 344 membres se sont exprimés, dont 77,5 % via Internet. À cette occasion, un tiers des membres ont été élus au conseil d'administration et une partie des membres des Commissions ont été renouvelées (Commission des programmes, Commission des comptes et de surveillance et Commission prévue à l'article R. 321-6-3 du code de la propriété intellectuelle.* » 3 344 membres se sont exprimés ! Hourra !
On ne peut donc pas dire que seuls les 3 000 membres dont les revenus dépassent le smic votent !

70

Dans ce même numéro, Jean-Noël Tronc, après trois mois à la Sacem, analysait : « *À la différence du cinéma ou de la presse, par exemple, les gens connaissent très mal la manière dont fonctionne le secteur de la musique, et les clichés tiennent souvent lieu d'opinion quand on parle de la musique, du droit d'auteur ou de la gestion collective.* » Hé bien, je vais essayer de participer à la meilleure connaissance du grand public. M'en remercierez-vous ?

De cette interview je dois vous recopier : « *Pour expliquer notre fonctionnement et la philosophie de nos statuts, j'utilise souvent l'image d'une « coopérative ouvrière », qui vit pour et par ses sociétaires, au service desquels je suis moi-même, comme tous nos salariés, et non l'inverse. Notre Conseil d'administration et nos commissions statutaires, qui se réunissent plusieurs fois par mois, sont le garant de cet intérêt général.* »

L'intérêt général de l'oligarchie aurait sûrement fait désordre dans la bouche du nouveau patron !

Retournant sur le site de la sacem, sur mon espace membre, je décidais de présenter une nouvelle fois ma candidature, un soir, comme ça ! Naturellement, pas au Conseil d'Administration, toujours fermé aux simples membres.

Assemblée générale 2013 - Mode d'emploi

Pour exprimer votre voix, trois modes de vote :

- En ligne : du 17 mai 9h au 17 juin 12h.
- Par correspondance : pour les sociétaires professionnels et définitifs jusqu'au 17 juin à 12h au plus tard (voir les modalités indiquées dans la convocation).
- Sur place : le 18 juin, au siège social de la Sacem.

Conseil d'Administration de la SACEM
255 Avenue Charles De Gaulle
92 528 Neuilly-sur-Seine Cedex

Le 4 mars 2013

Objet : candidature à la Commission prévue à l'article R. 321-6-3 du CPI

Monsieur le Président du Conseil d'Administration,

Je fais par la présence **acte de candidature à la commission prévue à l'article R.321-6-3 du Code de la propriété intellectuelle.** Je suis membre de la sacem catégorie AUTEUR (carte numéro -------- compte ------) et ne détiens aucun mandat social.

Je présente cette candidature sous le nom de **Stéphane TERNOISE**, qui est mon pseudonyme officiel (sur carte d'identité et également mon « nom de compte sacem »).

Si une adresse postale doit être communiquée : Jean-Luc Petit – BP 17 – 46800 Montcuq.

Je vous prie de me confirmer ma candidature.

Présentation officielle ci-dessous. Adresse mail pour échanges : -------@autoproduction.info

Veuillez agréer, monsieur le Président du Conseil d'Administration, mes cordiales salutations.

STEPHANE TERNOISE

Présentation de Stéphane Ternoise en 200 mots:
« Après avoir conceptualisé la transformation du monde culturel grâce à Internet durant une décennie, Stéphane Ternoise est devenu, avec l'arrivée de l'ebook, l'écrivain de la révolution numérique en France.

Ses romans (principalement "*le roman du show-biz et de la sagesse*" sur l'univers musical et "*peut-être un roman autobiographique*") ont enfin trouvé un réel public.

Ses essais, pièces de théâtre, livres d'art, comme textes de chansons, sont sortis de l'anonymat. Ses photos témoignent d'un monde qui disparaît, la campagne lotoise, le Quercy.

Dans le domaine de la chanson, après "*Savoirs*", totalement ignoré par les médias, il a autoproduit début 2013 "*vivre autrement*" (*après les ruines*), un album d'auteur, vraiment indépendant, avec six interprètes. Ces albums s'inscrivent dans la volonté de l'écrivain d'une œuvre protéiforme en dehors des exigences contemporaines.

Stéphane Ternoise se considère auteur de chanson et non parolier, simple facette d'une vie d'écrivain où romans, essais et théâtre priment.

Constatant qu'un artiste indépendant ne peut plus vivre en France, il a choisi, pour continuer d'écrire, de s'exiler en Afrique, cette année, après la sortie, dans une perspective stendhalienne du "billet de loterie", de son sixième roman et d'un essai racontant ses deux décennies de lutte pour une indépendance réelle. »

"*La Faute à Souchon ?*" dont doit se souvenir au moins l'un des membres du Conseil d'Administration, fut publié en numérique sous le titre "*Le roman du show-biz et de la sagesse.*" Passera-t-il l'épreuve de la censure ? C'est le grand enjeu ! Rendez-vous sur http://www.candidat.info !

Providentielle candidature ! La décision du Bureau du Conseil d'administration de décembre 2003 me fut ainsi de nouveau communiquée... avec, en dessous :

« Décision du Conseil d'administration du 18 février 2010

En complément de la décision prise par le Bureau du Conseil d'administration du 2 décembre 2003, le Conseil d'administration décide que :

les notices biographiques des candidats ne devront contenir aucune référence à des liens internet, à défaut ces liens internet seront systématiquement retirés, avant publication des biographies. »

Je comprends donc pourquoi, en l'an 2010, lors de ma deuxième candidature, monsieur Sylvain LEBEL ne m'adressa pas cette décision ! Il se souvenait très bien avoir utilisé une explication irrecevable pour supprimer mes adresses Internet l'année précédente ! Cette partie administrative fut réalisée en 2013 par madame Arlette Tabart et l'envoi des documents par la responsable du Service des Affaires Sociales.

La décision du Conseil d'administration du 18 février 2010 pourrait donc s'appeler "article anti Ternoise" qui me fut donc appliqué rétroactivement dès 2009 !

Pour rappel, Sylvain LEBEL notait en 2009 « *En effet, les notices biographiques des candidats au Conseil d'administration et aux Commissions statutaires sont limitées à 200 mots au maximum ce qui implique qu'elles ne sauraient renvoyer à un ou plusieurs sites internet.*

Il convient donc de retirer de votre curriculum vitae toutes les adresses internet qui y figurent. Nous avons procédé à ces retraits et vous trouverez, ci-joint, le texte qui en résulte.

Vous préférerez peut-être rédiger un texte différent, bien entendu dans le strict respect des termes de la décision du Bureau du Conseil d'administration de décembre 2003 dont je vous joins, à toutes fins utiles, un exemplaire. »

Et j'en avais conclu que cette décision de décembre 2003 n'excluait nullement des références aux sites Internet.

Quant aux statuts, j'en ai naturellement consulté la dernière version, celle en ligne... On ne sait jamais !?

Article 7 : Le capital social est divisé en parts égales qui sont attribuées aux Membres à raison d'une par personne, physique ou morale, quelles que soient sa ou ses catégories (auteur, auteur-réalisateur, compositeur, éditeur), ou sa qualité (Adhérent, Stagiaire*, Sociétaire professionnel, Sociétaire définitif) et dont chacune ouvre droit à une voix en Assemblée générale.

Les héritiers, légataires et cessionnaires de l'associé décédé, en représentation de ce dernier, ainsi que les cessionnaires de droits visés à l'article 18 du Règlement général qui adhèrent aux présents statuts, disposent également d'une part de capital social ouvrant droit à une voix en Assemblée générale.

Les parts de capital social ne sont représentées par aucun titre.

Article 25 bis : L'Assemblée générale se compose de tous les associés de la société qui y disposent chacun :

- d'une voix, conformément à l'article 7 ci-dessus, quelles que soient sa ou ses catégories et sa qualité ;

- de quinze voix supplémentaires, conformément à l'article 2 ter ci-dessus, quelles que soient sa ou ses catégories, lorsqu'il a été nommé en qualité de Sociétaire professionnel soit postérieurement au 1er janvier 1972 soit antérieurement à cette date s'il remplit les conditions prévues pour la nomination au Sociétariat professionnel à compter du 1er janvier 1972 ou lorsqu'il a été nommé en qualité de Sociétaire définitif.

* La notion de "Stagiaire" ne doit pas vous embrouiller. Son explication figure dans les CONDITIONS GÉNÉRALES D'ADMISSION

Article premier La Société des Auteurs, Compositeurs et Éditeurs de Musique se compose de Membres qui peuvent être :
1° Adhérents ;
2° Sociétaires professionnels ;
3° Sociétaires définitifs.
Les Membres admis en qualité de Stagiaire avant le 1er janvier 1972 conservent cette dénomination et les droits et obligations attachés à cette qualité.
Les Membres nommés en qualité de Stagiaire professionnel avant le 1er janvier 1999 prennent la dénomination de Sociétaire professionnel et conservent les droits et obligations qui étaient attachés à cette qualité.

Une voix pour nous, 16 voix pour eux, rien de changé sous le soleil de Neuilly, la sacem reste une oligarchie.

16) Des avantages d'être candidat... 2013...

D'abord les résultats de la petite élection à la commission prévue à l'article R.321-6-3 du Code de la propriété intellectuelle :

Pour les auteurs :
Serge Lecoq 12821 voix élu
Michel Fariner 7421 voix élu
Jean-Michel Adde 7206 voix
Stéphane Ternoise 5960 voix

5960 voix, c'est énorme ! Qui a voté pour moi ?... Naturellement, divisé par 16... il ne reste que 372,5 membres de l'oligarchie... Il y eut donc bien des membres pour apporter leur unique voix à cette grande comédie. Naturellement, je n'ai pas voté. Candidat d'accord, électeur non !

Chez les compositeurs :
Claude Blondy 10788 voix élu
Carlos Leresche 10744 voix élu
Dominique Marigny 8727 voix
John-Frédéric Lippis 4441 voix

Editeurs : 2 candidats pour 2 postes
Sylvie Hamon 17127 voix élue
Marie-Hélène Jarno-Taphorel 15 252 voix élue.

L'essentiel, pour moi, se déroula durant "la campagne"... car une "campagne" fut exceptionnellement autorisée... la sacem a découvert twitter ! Opportunité d'un dialogue avec Monsieur Laurent Petitgirard, alors toujours président...
15 mai 2013... un message surprenant, envoyée par la

responsable du suivi des dossiers de candidatures (enfin, de mon suivi) et destiné à 46 adresses mails dont la mienne (dans lesquelles je pense reconnaître les adresses des candidates et candidats, de Gilbert Laffaille à Michel Adde en passant par Michel Farinet ou Patrick Lemaître) et deux Copies conformes : Laurent Petitgirard et Arlette Tabart, adresses sous sacem.fr
Objet : Candidatures aux élections du 18 Juin 2013

Texte : « *Bonjour,*

Le Conseil d'Administration a été informé qu'un candidat aux élections vient, contrairement aux dispositions de l'article 107 du Règlement général actuellement en vigueur en ce qui concerne les élections au Conseil d'administration et aux diverses Commissions, d'informer de sa candidature des sociétaires par voie de messagerie électronique.

Considérant que cette situation risque de créer une inégalité de chances entre les candidats, le Conseil d'Administration a décidé, à titre exceptionnel, et dans le prolongement des réflexions qui conduisent à proposer à la prochaine assemblée générale extraordinaire la modification des dispositions de l'article 107 du règlement général, d'autoriser l'ensemble des candidats aux différentes élections (Conseil d'administration, Commission des Comptes et de Surveillance, Commission des Programmes, Commission prévue à l'article R .321-6-3 du Code de la Propriété Intellectuelle) à communiquer avec leurs confrères sur leur candidature à la condition de rester strictement informatifs.

Bien cordialement,

Le Secrétaire Général »

L'adresse mail sous sacem du Président du Conseil d'administration semble "logique" mais je capte immédiatement l'opportunité de l'interpeller... en m'adressant également à l'ensemble des membres dont l'adresse mail fut ainsi divulguée... occasion d'un peu de publicité. Le 22 mai à 18 heures 11 :

« *Bonjour,*

Non seulement le règlement peut être adapté par le Conseil d'Administration (pour plaire à l'un de leurs amis ?) mais en plus NOS ADRESSES COURRIELS sont divulguées par la sacem dans son message du 17 mai !
Qu'en pensez-vous de ce genre de pratique ?

Bref, je ne vais pas vous inviter à voter pour moi !

22 mai 2013... le jour des grandes sorties
- 5 ans après l'album "Savoirs" : "Vivre autrement (après les ruines) : http://www.chansons.org

- 4 ans après "ils ne sont pas intervenus" : le roman "Un Amour béton (Comment Kader Terns avoir été numéro 1 des ventes numériques en France)."
http://www.romancier.org/roman2013.html

J'ai publié de nombreux livres numériques ces deux dernières années. Il s'agissait essentiellement d'anciens textes (comme l'ensemble de mon répertoire de théâtre) ou d'essais.
Mais dans le domaine de la production de CDs comme dans celui de l'écriture de romans, c'est très long !
1) Je ne suis pas chanteur, je ne suis pas compositeur. Je pense être le seul en France à poursuivre une démarche d'albums d'auteur... Qui plus est totalement indépendant et sans grand budget !

Comment faire un bon album avec des bouts de ficelles ?
Trouver des partenaires pour ces aventures inédites...
Découvrez : Blondin, Dragan Kraljevic, David Walter,
Lor, Magali Fortin, Yann Ferant.
Cet album est disponible dans un beau digipack (16 euros
pour la France) et sur le net en numérique (vous pouvez
bénéficier d'écoutes gratuites)
A la une de http://www.chansons.org, site officiel de cette
production.

2) Quatre ans après "ils ne sont pas intervenus",
désormais connu en numérique sous le titre "peut-être un
roman autobiographique."
Mon sixième roman : "Un Amour béton", sous-titré
"Comment Kader Terns avoir été numéro 1 des ventes
numériques en France."
Présentation, début : http://www.romancier.org/roman2013.html
Un roman policier, un roman d'amour, ce « un Amour
béton » ?
Certes une intrigue policière, des morts, des meurtres, de
la vengeance, des femmes, des hommes, des couples, des
amants, des trahisons, Aubervilliers, le Quercy.
Mais il s'agit d'un « véritable roman littéraire », bien plus
exigeant que les textes habituellement classés en « romans
policiers », qui plus est depuis la déferlante numérique...
Donc un roman susceptible d'intéresser un large public
ou rester invisible faute de réel ancrage dans un genre
précis !

Kader Terns, le « météorite du livre numérique, disparu
dans d'affreuses circonstances. »
Un journaliste lotois osa même « en découvrant un
paradis insoupçonné, le charme sauvage et pittoresque de
nos coteaux du Quercy, l'inclassable auteur du 9-3

ignorait les dangers du béton, qui guettent tout néo-rural souhaitant restaurer l'une de nos belles demeures abandonnées. »

Vos médias s'en délecteront bientôt : Kader fut broyé, son assassin présumé s'est suicidé, sa complice potentielle clame son innocence derrière les barreaux et moi, qui devais tenir le rôle peu glorieux du nègre de l'autobiographie du « jeune et talentueux écrivain choc de l'année 2011 », j'hésite à la croire tout en redoutant de rapidement me retrouver soupçonné...

Dois-je laisser "éclater l'affaire" ou puis-je raconter comme j'en avais l'intention quand la version de l'accident me sembla aussi stupide qu'évidente ?

Mais tout ceci, c'était avant. Avant que tout s'accélère et m'aspire dans le tourbillon...

Un roman au cœur de l'époque :

Comment devient-on numéro 1 des ventes numériques en France (sur Amazon) ?

Présentation, début :
http://www.romancier.org/roman2013.html
3 euros 99 en numérique. Sortie en papier dans quelques semaines.

3) 22 mai 2013... Pour la première fois de ma vie, j'ai mis les pieds sur le sol d'Afrique... où je devrai peut-être bientôt m'exiler faute de revenus suffisants pour vivre en France... 15 jours au cœur d'une grande pauvreté, dans un pays où "tout" est à reconstruire mais où il fait très chaud !...

Je publierai bientôt sur le sujet...

A lire : Contrairement à Gérard Depardieu, dois-je quitter la France ?
http://www.utopie.pro/quitterlafrance.html

"Cahors, 42 inscriptions aux Monuments Historiques"
(livre numérique de photos) est ainsi sous-titré "Le livre
des adieux à Cahors de l'écrivain photographe lotois"
http://www.cahors.pro

4) Merci de relayer ces informations...

Stephane
Stephane Ternoise
http://www.ecrivain.pro
Auteur et éditeur indépendant depuis 1991
Contact postal : Jean-Luc Petit - BP 17 - 46800
Montcuq »

Oui, en reprenant ce dossier, je m'aperçois de l'erreur entre le 15 et 17 mai... Mais de tout cela, de toute manière, mes interlocuteurs en avaient "rien à foutre". Ai-je vendu un livre supplémentaire ?...

Le mercredi 22 mai 2013 à 19 heures 27 j'obtenais une réponse. De Laurent Petitgirard, via une adresse personnelle (sous un autre serveur que la sacem) avec une copie à son adresse sacem.

Objet : Re: elections sacem... nos adresses mails...

« *Cher Monsieur,*

Je ne sais absolument pas de quoi vous me parlez, ni à quel "ami" vous faites allusion.
Il se trouve que le règlement Sacem en ce qui concerne les élections, est totalement obsolète et que pénaliser un candidat par ce qu'il explique ses motivations aux électeurs serait contesté avec succès devant n'importe quel tribunal.

C'est pour cela que nous proposons une modifications de nos statuts.

La technologie est allé plus vite que le rythme annuel des AG, les réseaux sociaux font que l'on doit inévitablement s'adapter.

Alors oubliez vos fantasmes du complot et comprenez que le Conseil d'Administration doit en permanence veiller à protéger la Sacem.

Interdire d'élections un candidat qui a simplement communiqué sur sa personnalité, son parcours professionnels et ses motivations, c'est simplement risquer l'annulation de l'AG toute entière par un tribunal.

Pour le reste, la suite de liens que vous présentez ne me semble avoir que peu de rapport avec cette élection.

Quand à l'affichage des adresses courriels, c'est certes une maladresse, mais lorsque l'on se présente à une élection, on doit s'attendre à être joignable.

Cordialement.

Laurent Petitgirard »

Je prenais le temps de répondre. Il est évident que pareille occasion ne se représenterait sûrement pas.
Le 27 mai 2013 à 14:02, j'écrivais ainsi :

« Cher Monsieur Petitgirard, Président de "notre" Conseil d'Administration,

Nos observations, parfois, aboutissent aux mêmes conclusions. Avec certes un grand décalage dans le temps ! Je ne peux que sourire en lisant votre réaction :
"Il se trouve que le règlement Sacem en ce qui concerne

les élections, est totalement obsolète et que pénaliser un candidat par ce qu'il explique ses motivations aux électeurs serait contesté avec succès devant n'importe quel tribunal.

C'est pour cela que nous proposons une modifications de nos statuts.

La technologie est allé plus vite que le rythme annuel des AG, les réseaux sociaux font que l'on doit inévitablement s'adapter."

Je dois donc vous rappeler qu'Internet existe depuis bien longtemps !

Néanmoins... est-ce une manière de me conseiller de contester devant un tribunal vos prochaines élections ?

Candidat, je ne voterai pas.

Car je considère inacceptable de compter pour une voix alors que vous détenez 16 voix.

Je considère inacceptable de ne pas pouvoir être candidat au Conseil d'Administration car le conseil d'administration est verrouillé par une minorité, ce que j'appelle depuis de nombreuses années l'oligarchie.

Vous êtes environ 4500 (membres professionnels et définitifs, dernier chiffre non connu) sur plus de 140 000 membres (vous préférez communiquer sur ce chiffre) à garder la mainmise sur la sacem.

Considérez-vous que le conseil d'administration de la sacem doit mettre fin à cette situation d'oligarchie pour transformer la sacem en démocratie ?

Suis-je allé plus loin que votre volonté au sujet de la modification des statuts de la sacem ?

Suivant minutieusement la politique de votre Conseil d'administration, je sais que vous avez fait bouger un peu les choses...

84

Comme vous le notiez dans votre édito d'avril 2004 : « En décembre 2003, le Conseil d'administration de la Sacem a décidé de baisser de 50% le « cens argent », c'est-à-dire le minimum de droits qu'il faut pour pouvoir accéder au statut de sociétaire professionnel, puis à celui de sociétaire définitif. » Avec l'explication très instructive : « Cette baisse n'a pas été décidée arbitrairement, le Conseil ayant constaté que le cens argent, indexé sur l'évolution de la répartition des droits, avait depuis 1980 augmenté deux fois plus vite que les indices servant de référence à la revalorisation des salaires. »

J'avais traduit par : depuis 1980, le conseil d'administration a réussi à limiter l'accès au statut de sociétaire professionnel, permettant ainsi à un petit groupe inféodé aux majors de diriger sans opposition notre noble institution.

Ma traduction vous convient, je pense ! Elle n'a jamais été contestée.

Cette situation d'oligarchie perdure pourtant. Elle ne vous dérange pas, ès président ?
Quant au reste. Nul "fantasmes du complot."
En 2009 monsieur Sylvain LEBEL me supprimait les adresses de mes sites Internet dans ma présentation de candidat, au motif qu'elles "n'étaient pas conformes à la décision du Bureau du Conseil d'administration du 2 décembre 2003."

Alors que votre conseil d'administration n'a pris cette décision qu'en 2010 : « Décision du Conseil d'administration du 18 février 2010
En complément de la décision prise par le Bureau du Conseil d'administration du 2 décembre 2003, le Conseil d'administration décide que :

les notices biographiques des candidats ne devront contenir aucune référence à des liens internet, à défaut ces liens internet seront systématiquement retirés, avant publication des biographies. »

Vous auriez pu noter qu'il s'agissait d'un attendu anti Ternoise !

Quant à l'affichage de mon adresse courriel personnelle.
C'est plus qu'une maladresse. Nous sommes en 2013 et non en 2001.
Tout le monde se doit désormais de connaitre la "copie conforme invisible."

J'aurais naturellement été d'accord pour être joignable. Il suffisait de demander une adresse mail publique ou... un site Internet !...

Si vous aviez lu mon dernier roman, ou mon essai "quitter la France", vous n'auriez pas écrit "la suite de liens que vous présentez ne me semble avoir que peu de rapport avec cette élection."
Mon lectorat reste faible !

Dans l'attente de votre réponse,

(finalement, je peux résumer mon questionnement :
- Pensez-vous que le statut d'oligarchie soit encore acceptable dans une société comme la sacem qui prétend défendre les droits de l'ensemble des auteurs, compositeurs, éditeurs ?)

Bien amicalement,

Stéphane Ternoise »

Je n'escomptais naturellement pas obtenir une réponse point par point. Mais espérais néanmoins quelques phrases utiles dans le cadre du document "sacem oligarchie."

Le 27 mai 2013 à 17 heures 04, le Président répondait en envoyant également la réponse à Louis DIRINGER, ARLETTE TABART, Chantal ROMANET, Jean-Claude PETIT, Jean-Marie SALHANI.

« Cher Monsieur,

Je ne peux bien évidemment en aucun cas être d'accord avec cette analyse que vous faites d'une prétendue oligarchique de 4500 sociétaires professionnels et définitifs.

Il ne serait absolument pas normal qu'un membre de la Sacem, auteur comme 50.000 d'entre eux de moins de dix œuvres et n'ayant qu'une activité d'auteur très marginale, occasionnelle ou quasi inexistante, puisse se retrouver en position de prendre des décisions cruciales qui concernent le droit d'auteur.

Ce membre en question serait en fait, comme une majorité de nos membres, beaucoup plus un utilisateur qu'un créateur de musique.

Son intérêt de consommateur serait que tout soit gratuit et en aucun cas la défense de la rémunération des créateurs.

Le palier des 16 voix est à hauteur du Smic, je trouve cela très raisonnable.

Quand à nous d'écrire comme inféodés aux Majors c'est insultant et surtout particulièrement stupide et de mauvaise foi.

Si c'était le cas, on repartirait par sondage à plus de 50% de la diffusion comme les anglosaxons qui veulent limiter le coût de l'analyse des programmes.

Donc ma réponse à votre dernière question est celle-ci :
Je pense surtout que les pires détracteurs de la Sacem sont les créateurs qui la rende responsable de leur manque de réussite professionnelle alors qu'elle ne peut être que le reflet de la diffusion réelle des œuvres.
Sur ce, je retourne composer.
Cordialement.
LP

Envoyé de mon iPhone »
Comme c'est drôle, finalement ! Il ne peut « *bien évidemment en aucun cas être d'accord avec cette analyse que vous faites d'une prétendue oligarchique de 4500 sociétaires professionnels et définitifs.* » Et finalement expose ses raisons de maintenir l'oligarchie à la tête de la sacem.

Le mercredi 29 mai 2013 à 14h55, j'écrivais donc aux six.

Objet : Reponse Ternoise a votre message - Re: elections sacem... nos adresses mails...

« *Chères mesdames, chers messieurs,*

Monsieur Laurent Petitgirard ayant décidé d'élargir le cadre de l'échange qu'un simple membre, candidat à une vague commission, se permettait d'avoir avec lui ès qualité de président du conseil d'administration, je m'adresse naturellement également à vous pour ma réponse. En vous précisant que je lirai avec plaisir vos remarques, avis, réactions, informations, qui me permettront sûrement de mieux comprendre le pays dans lequel je vis encore (mon départ pour l'Afrique est toujours d'actualité car malgré de nombreuses créations mes revenus ne me permettent plus de vivre en France, même sous le seuil de pauvreté, ce "manque de réussite professionnelle" signifiant sûrement un manque de talent, si je vous ai bien suivi monsieur Petitgirard)

Vous prétendez donc, Monsieur Laurent Petitgirard, que « le règlement Sacem en ce qui concerne les élections, est totalement obsolète » et je pense que le mal est bien plus profond, dans les statuts, qui font de la sacem une oligarchie où 4500 membres confisquent le pouvoir (eux seuls peuvent être élus au Conseil d'Administration et ils bénéficient de 16 voix lors des élections avec des facilités de vote), avec des conséquences néfastes pour le plus grand nombre, pour la création en général.

Après vous avoir lu, monsieur Laurent Petitgirard, j'éprouve un sentiment de malaise encore accentué en consultant la page d'accueil du site sacem.fr "la sacem, c'est plus de 145 000 sociétaires."
Vous nous demandez de nous impliquer dans "notre" sacem mais vous (les 4500, l'oligarchie) souhaitez conserver tous les réels pouvoirs, décider de toutes les orientations. Vous balayez d'un revers de main la contestation (« les pires détracteurs de la Sacem sont les créateurs qui la rende responsable de leur manque de réussite professionnelle »), préférez décrédibiliser les indignations, dont je suis le simple porte-parole... Il semble exister un décalage profond entre le quotidien des pauvres qui essayent de vivre de leurs modestes créations et ceux qui arborent leur réussite comme si elle signifiait un talent exceptionnel devant lequel tout le monde devrait se prosterner.

Il ne s'agit pas comme vous le notez de seulement 50.000 membres « de moins de dix œuvres et n'ayant qu'une activité d'auteur très marginale, occasionnelle ou quasi inexistante » mais de 145 000 membres déconsidérés.

Qui plus est vous nous caricaturez en nous prétendant incapables de sauvegarder le droit d'auteur auquel nous préférerions la gratuité ! Il s'agit là certes d'une variante de "votre" peur de l'Internet, qui représenta pourtant un immense espoir. Ce n'est pas la gratuité que je défends mais la justice, qui passe par une démocratisation de la sacem.

Nous sommes là pour "faire du nombre" devant le grand public et les pouvoirs publics ? Mais quand il s'agit des grandes décisions, des orientations, seule l'oligarchie peut en décider, naturellement pour le bien de tout le monde ?...

Car vous prétendez agir pour le bien du droit d'auteur et de l'ensemble des auteurs ! Je peux vous égrainer une petite liste de décisions qui témoignent, selon moi, du contraire, en favorisant une minorité.

Sans même reprendre le "depuis des décennies", il suffit d'observer notre millénaire, cette manière dont vous avez essayé de freiner Internet pour permettre aux majors de préserver leur prédominance sur le monde de la musique.

J'ai proposé en 2007 une autre formule pour la diffusion des œuvres en radio et télévision, qui actuellement favorise la concentration sur une petite partie du catalogue, justement celle des majors qui ont les moyens de promouvoir leurs poulains. Il est naturellement logique de dénoncer les salaires élevés de la sacem (acceptés par le CA), les subventions culturelles me semblent bénéficier aux installés et non favoriser l'émergence de "nouveaux talents" - et non de clones ou enfants de stars ; il me semblerait déontologiquement préférable que la sacem ne subventionne pas des organismes créés par un membre du conseil d'administration de la sacem ou par un ancien salarié de la sacem ; la cotisation sacem forfaitaire, à chaque répartition, permet de ne pas payer les faibles revenus et s'il en reste un peu, le seuil minimum de déclenchement du paiement permettra à la répartition suivante d'appliquer une nouvelle cotisation donc de très rarement payer les « auteurs peu diffusés »...

Naturellement, je comprends votre souci de défendre les intérêts d'une minorité. Vous êtes élu et serez réélu par une minorité (combien de voix avez-vous obtenues ? ces voix représentent combien de membres sachant que les oligarques en possèdent 16 ?) donc défendez ses intérêts.
Même si vous n'aimez pas le terme, il s'agit bien d'un fonctionnement oligarchique.
Sociétaires, nous n'avons pas tous les mêmes droits.
Pourquoi, alors que vous exposez vos raisons d'un système oligarchique, le mot oligarchie vous dérange ?
A cause de Nietzsche et son « Dans toute oligarchie se dissimule un constant appétit de tyrannie » ?

Pourquoi ne pas clairement signifier "aux jeunes", qu'il leur faudra d'abord apporter "un smic" mensuel à la société avant de pouvoir s'exprimer ?

Pourquoi communiquer sur 145 000 sociétaires alors que vous n'êtes que 4500 ?
Il me passe ainsi un autre slogan : "la sacem, c'est 4500 sociétaires importants et 140 000 minables."

Comme vous le savez, pour atteindre "un smic" de revenus mensuels (qui plus est durant trois ans), il est quasiment indispensable pour l'auteur ou le compositeur, de travailler avec des majors.

Vous pourriez sûrement me citer quelques "indépendants."
Je mets indépendants entre guillemets, car distribués par des majors !
Et naturellement, les 4500 sociétaires importants de la sacem sont auteurs et compositeurs d'œuvres majeures. Il suffit d'écouter la radio pour s'extasier devant la qualité des œuvres diffusées !

Vous pensez donc qu'il n'existe aucun problème de diffusion en France, ni de monopole de fait, de liens entre les médias et certains groupes ?
Vous pensez vraiment que la sacem remplit son rôle de défense du droit d'auteur ?

Il est trop facile de décrier Itunes quand vous constatez que 7 centimes sont à répartir par la sacem sur des œuvres vendues 99 centimes (sur les ebooks vendus par Itunes, Kobo, La Fnac, 53% du prix TTC me revient, un autre modèle économique...).
J'ai exposé la manière dont Internet aurait pu révolutionner le monde de la chanson, au profit des créateurs. Avec un an de prétendue "action culturelle", la sacem aurait pu développer un système ouvert, permettant aux artistes de vendre leurs œuvres en toute légalité. Naturellement, les majors se seraient scandalisées d'un tel système ouvert et légal !
Vous avez fermé les oreilles à cette idée donc ne soyez pas surpris qu'elle vous revienne...

Quant à ma conclusion, pour adopter le style de mon cher Sénèque, je vous paierai cette lettre avec une citation, elle provient de notre ministre : "Voilà ce qui fait peur, parce que nous sommes le nombre, nous sommes la force, et eux ils sont la minorité qui nous exploite." (Aurélie Filippetti, les derniers jours de la classe ouvrière)

Veuillez agréer, Monsieur Laurent Petitgirard, Chères mesdames, chers messieurs, mes respectueuses salutations d'auteur indépendant.

Stéphane Ternoise
http://www.ecrivain.pro
http://www.utopie.pro »

Aucune réponse dans la journée. Ni dans la semaine. Le 10 juin 2013 à 17:03, je renvoyais le message, également en pièce jointe PDF. Après un échange avec @sacem (sur twitter) et la réponse "*@ternoise Il ne me semble pas que votre correspondance avec le président soit complète, votre texte s'arrête sur 1 commentaire de sa réponse*". Nous pouvons en déduire... un contact direct entre M. Laurent Petitgirard et l'attitré à twitter...

La réponse fut rapide, de Laurent Petitgirard à Ternoise Stéphane et copie aux cinq autres, le lundi 10 juin 2013 à 17h34.

Objet : Re: Reponse Ternoise a votre message - Re: elections sacem... nos adresses mails...

« *Cher Monsieur,*

Je n'ai jamais associé la qualité d'une œuvre et les droits qu'elles génèrent, je compose de la musique contemporaine qui n'est certainement pas le genre musical le plus rémunérateur.

Vos fantasmes d'oligarchie sont fatigants, injustes, caricaturaux et surtout ne correspondent à aucune réalité. Vos attaques sur notre politique culturelle sont totalement infondées, vous êtes vous seulement donné la peine de regarder en détail la liste des projets aidés ?

93

Vous pourriez avoir tous les votes du monde aux élections de la Sacem, ce n'est pas cela qui fera rayonner votre œuvre, ce sera sa qualité, votre obstination à la faire connaître et le sentiment d'espoir que vous dégagerez, à l'opposé de l'aigreur qui transpire à chacun de vos propos.

Mais votre site est d'une telle prétention, "L'écrivain qui a compris avant les autres la révolution numérique que je retire aigreur, c'est d'un complexe aigu de supériorité qu'il faut parler.

Sincèrement je n'ai pas l'intention de perdre une seconde de plus à répondre à votre argumentation.

Je retourne composer, j'espère que vous ferez de même avec vos textes.

Bonsoir

LP »

J'en avais assez, de réponses, de non réponses. Monsieur Laurent Petitgirard s'exprimant ès président de la sacem, ses arguments me semblaient mériter une audience surmultipliée par leur présence dans mes livres !

Le Mercredi 12 juin 2013 à 17h00, j'envoyais un message à l'ensemble des adresses divulguées par la sacem.

« Bonjour,

Message aux candidats... avec copie à notre président du Conseil d'administration (techniquement : le contraire en CCi)

Elections à la sacem le 18 juin 2013 : 145 000 sociétaires, 145 000 voix ? NON !

Certains (environ 4500) bénéficient de 16 voix et EUX SEULS peuvent être élus au Conseil d'Administration, l'organe central de la Sacem, celui par exemple qui accepta le salaire exorbitant de M. Bernard Miyet (600 000 euros annuels ou plus ?) et ses conditions de départ... La sacem, une organisation oligarchique.

Où les 140 000 membres de base peuvent se consoler en étant candidat à la "Commission prévue à l'article R .321-6-3 du Code de la Propriété Intellectuelle."

Candidat à cette commission donc, cette candidature m'a permis de dialoguer avec le Président du Conseil d'Administration.
Merci à monsieur Laurent Petitgirard de m'avoir répondu.
Un passage exceptionnel : "le règlement Sacem en ce qui concerne les élections, est totalement obsolète et pénaliser un candidat par ce qu'il explique ses motivations aux électeurs serait contesté avec succès devant n'importe quel tribunal."
Oui le règlement fut modifié car la sacem semble avoir découvert twitter en 2013 !
Mais juste pour permettre de communiquer sur une candidature...

http://www.candidat.info communique donc !

Candidat, je ne voterai pas. Je refuse un système où ma voix vaut un seizième de celle des oligarques.

Tout membre de la sacem se devrait d'essayer de faire avancer des idées justes.
Une organisation démocratique plutôt qu'oligarchique me semble nécessaire. Et vous ?

http://www.candidat.info expose le vrai problème, pour les 145 000 sociétaires, pour les médias, pour le grand public (qui paye quand même pour la copie privée dont la sacem redistribue une grande part)

Le plus souvent, les "membres de base" ne lisent pas les statuts et ne s'intéressent pas à ces élections...

L'Assemblée générale 2013 de "notre" Sacem se déroulera le 18 juin 2013, sûrement logique quand on sait que notre maison se situe avenue Charles de Gaulle, à Neuilly.
Ceci est donc "un peu", mon appel du 18 juin.

http://www.candidat.info vient d'être créé...

Vous êtes candidat. Quelle est votre position ?

C'est, selon moi, le point essentiel que chaque candidat devrait exposer : pour ou contre une véritable réforme des statuts de "notre sacem" ?

(j'ai exposé dans "Contrairement à Gérard Depardieu, dois-je quitter la France ?"
http://www.utopie.pro/quitterlafrance.html les raisons de mon départ malheureusement nécessaire pour l'Afrique, où je pourrai vivre de mes faibles revenus, il ne s'agit donc pas comme quelqu'un l'a suggéré, de faire porter à la sacem la responsabilité d'un échec économique ; il s'agit simplement de faire avancer des idées justes)

Stéphane Ternoise écrivain et néanmoins parfois auteur de chansons, peu chantées !
http://www.ecrivain.pro
http://www.romancier.org
6eme roman : "Un Amour béton"
http://www.romancier.org/roman2013.html »

96

Nul à part le Président de la sacem n'a osé répondre. Tous devaient avoir conscience que leur réponse, dans ce cadre des élections, finirait pas être publiée. Et chacune, chacun, doit préférer, pour de bonnes raisons de carrière, ne pas aborder certains sujets. Sur ce point, même si peu de points de convergences semblent pouvoir être trouvés entre nous, les réponses de monsieur Laurent Petitgirard ont le grand mérite d'exister. Et mettent également en lumière ces silences complices ou gênés...

Monsieur Laurent Petitgirard était toujours Président du Conseil d'Administration en mai 2013. Il signa donc l'édito du Magsacem 87 (mai-août 2013). Après tout ce qui s'est passé à la sacem sous sa présidence, il aurait pu éviter : « *Depuis des mois, la musique fait les frais d'une rigueur budgétaire adossée à un manque de vision à long terme, dont les conséquences sont déjà tragiques pour les créateurs, leurs éditeurs, leurs interprètes et leurs producteurs.* » Non que ce gouvernement soit exemplaire mais quand on a autant manqué de clairvoyance et de sens des responsabilités, un peu de modestie serait préférable.

Naturellement, notre échange n'ayant rien changé à ses positions, ce magazine se termine encore par une ode à notre grande famille « *La Sacem, première société d'auteurs française et deuxième au monde par le nombre de ses membres.* » Le nombre de ses membres ! Oui, nous sommes toujours là pour faire nombre !

Le numéro suivant (88, octobre décembre 2013) était donc attendu ! Avec un édito de Jean-Claude Petit, compositeur, nouveau président du Conseil d'administration de la Sacem... cette élection semble s'inscrire dans la logique de la transmission des échanges du président en exercice en mai à son successeur !

Ils ont gagné ! « *La Cour de justice de l'Union européenne a confirmé, le 11 juillet, la possibilité de financer des actions culturelles par notre prélèvement de 25 % sur la copie privée.* »

Et sur son prédécesseur : « *Permettez-moi aussi de souhaiter une bonne année de « sommeil » à mon ami Laurent Petitgirard, à qui je succède. Son travail et son engagement dans la défense de nos droits et dans l'organisation de notre société sont un exemple que je m'efforcerai de suivre.* »

Il n'est donc pas définitivement parti, il semble programmé pour revenir !

Dans un an tout le monde aura oublié qu'il fut le Président de l'époque Bernard Miyet ?

Et sous la houlette de Jean-Noël Tronc, directeur général de la Sacem, place à l'opération "reconquête de l'opinion" : « *le Panorama des industries culturelles et créatives, qui vient de paraître et dont la Sacem est à l'origine. Cette étude offre pour la première fois un chiffrage précis de ce que pèsent les industries culturelles en France : musique, arts graphiques, spectacle vivant, cinéma, presse, édition littéraire, télévision, radio et jeux vidéo, ces neuf secteurs représentent 1,2 million d'emplois et pèsent plus de 74 milliards d'euros, soit plus que l'industrie automobile.* »

La culture est une industrie ? Oui mais la culture doit redevenir un artisanat ! Ils défendent une conception culturelle où des pions de multinationales peuvent parfois toucher le jackpot, alors que nous sommes des créateurs au quotidien, donc indépendants. La sacem est bien une oligarchie, l'oligarchie de ceux qui ont accepté l'industrie culturelle alors que pour 95% des créateurs (comme aurait pu chanter Brassens) l'art est un choix de vie, pas celui de faire du fric mais de s'exprimer, de chercher, en restant debout, le plus possible.

La menace de démission de 140 000 membres me semble improbable. Même réellement informés de la situation (ce passage sera repris dans un livre au "titre choc"). L'intervention de l'état ? La nationalisation de la sacem ? Inconcevable sous ce Président.

17) La sacem en 2015

Ce ne fut pas une retraite mais juste une éclipse, un éloignement officiel, peut-être du sommeil (en parlant à l'oreille de son Dmitri Medvedev ?) : Laurent Petitgirard s'est réinstallé à la tête du Conseil d'Administration... Tout le monde a oublié son passé et son passif ? Il semble s'entendre aussi bien avec Jean-Noël Tronc qu'avec son prédécesseur...

Et il cause de nouveau à la une : « Mon prédécesseur, Jean-Claude Petit, a mené avec le Conseil d'administration et les équipes de la Sacem une politique déterminée sur ces différents sujets.

Nous allons, avec Jean-Noël Tronc, continuer et amplifier l'action de la Sacem pour que les musiques et tous nos répertoires puissent prospérer dans toute leur diversité. »

Laurent Petitgirard, compositeur, président du Conseil d'administration, membre de l'Institut.

Edito du Magsacem novembre 2014.

Tintintin ! Membre de l'Institut. De l'institution aussi... pas un mot sur l'oligarchie face aux sans-dents.

Bref : « Pas de culture ni d'industries culturelles sans créateurs. Pas de créateurs sans droit d'auteur, pour garantir à la fois qu'ils puissent vivre de leur création et, surtout, dans l'indépendance de tous les pouvoirs, qu'ils soient économiques, politiques ou religieux. »

Jean-Noël Tronc, directeur général de la Sacem (Le mot du directeur général, du *Magsacem* janvier 2014)

L'indépendance de tous les pouvoirs, qu'il a dit l'ami du Président au pigeon vengeur. Vaut-il mieux en sourire ?

Soyez rassurés, tout va bien à la sacem. Certains gagnent toujours plus !...

« Je peux déjà vous annoncer avec beaucoup de plaisir et de fierté que 2013 a été une année exceptionnelle concernant les collectes de droits d'auteur pour les membres de la Sacem.

En effet, grâce à l'implication des équipes de votre maison, tant sur le périmètre des licences (médias, Internet, copie privée…) que sur celui géré par les collaboratrices et collaborateurs présents sur l'ensemble du territoire (droits généraux : concerts, festivals, commerces sonorisés, associations…), les droits d'auteur collectés atteignent le niveau historique de 834,8 millions d'euros et sont en croissance de 4 %. »

Jean-Noël Tronc, directeur général de la Sacem (Le mot du directeur général, du *Magsacem* mai 2014)

« La culture doit devenir une compétence obligatoire des régions. » Grande parole mise en exergue du Magsacem novembre 2014. Son auteur ? Non, pas Martin Malvy. Mais Jean-Jack Queyranne, président de la région Rhône-Alpes, dans *Le Monde* du 17 juillet 2014.

Et n'attendez rien des gentils chanteurs auteurs... Ils ne sont même pas capables de dénoncer cette oligarchie dans "leur maison". Nous vivons une époque pitoyable.

« L'implication des équipes. » Pour l'ensemble des membres ?

De temps en temps, je ressors le dossier sacem ! Et relance l'un de "mes contacts"... car sur aucune de mes répartitions n'est apparue un seul titre du spectacle de Benjy Dotti pour lequel je figurais pourtant sur l'affiche, pour lequel j'ai fourni quelques dates avec certitude d'utilisation de mes textes... car j'y étais...

Parfois, en notant "quelques provocations", un salarié de la Sacem balance, comme le jeudi 18 juillet 2013 à 11 H 11 :

« - Je ne doute pas que votre salaire soit nettement moins élevé que les salaires indécents de certains. Mais je pense qu'en insistant à chaque contact, vous pourrez "faire remonter" un "malaise des sociétaires" (je ne dois pas être le seul dans ce cas)

- Oui nous sommes tous dans le cas de voir des sommes colossales qui nous dépassent, nous les petits, par contre c'est un chef d'entreprise, et depuis son arrivée il a fait en un temps record bouger pal mal de choses, donc cela ne peut que rejaillir sur tous les sociétaires, et croyez bien mon cher STEPHANE, que nous faisons pour le mieux dans votre intérêt, mais on est confrontés souvent à des difficultés d'ordre divers. Cordialement. »

Intéressant, non ?

Les lois du marché de la création

Hé monsieur Utopie faut bien bouffer
On a besoin des miettes qu'ils nous jettent
On voudrait bien créer en toute liberté
Mais les marchands tiennent le marché

Quand tu crées
Tu crées pas pour eux
Et pourtant tu sais
Qu'entre toi et le public
Y'aura les nuisances du fric
Et leur puissance de feu

Si t'es pour eux une très bonne vache à lait
Les marchands te f'ront tête de gondole
Les spéculateurs pourront même t'engraisser
T'auras le label idole

Quand tu crées
Tu crées pas pour eux
Et pourtant tu sais
Qu'entre toi et le public
Y'aura les nuisances du fric
Et leur puissance de feu

Des créateurs et des subventionneurs
Des créateurs et des installés
Des créateurs et des tonnes de profiteurs
Des créateurs parfois rêveurs

Quand tu crées
Tu crées pas pour eux
Et pourtant tu sais
Qu'entre toi et le public

Y'aura les nuisances du fric
Et leur puissance de feu

Le fameux système d'aide à l'édition française ne profite également qu'à une minorité... Et la possibilité d'obtenir des miettes réduit au silence ceux dont le rôle serait de dénoncer ce système. Dans plusieurs textes j'ai abordé ces miettes, comme dans cette chanson « *Les lois du marché de la création* », avec « *On a besoin des miettes qu'ils nous jettent* », interprétée par Dragan dans l'album « *vivre autrement* » (www.chansons.org)

Le conseil d'administration juin 2014 - 2015

« Le conseil d'administration prend toutes les décisions essentielles à la vie de la Sacem. Il nomme le Directeur général, gérant de la société, qui conduit la politique initiée par les administrateurs. »

6 auteurs, 6 compositeurs, 6 éditeurs : renouvelables par tiers chaque année lors de l'Assemblée générale.

1 Auteur - Réalisateur titulaire ; 1 Auteur - Réalisateur suppléant. « Renouvelables par moitié chaque année. »

PRÉSIDENT : Laurent PETITGIRARD, Compositeur

VICE-PRÉSIDENT : Alain CHAMFORT, Compositeur
VICE-PRÉSIDENTE : Caroline MOLKO, Éditrice
VICE-PRÉSIDENT : Richard SEFF, Auteur

TRÉSORIER : Patrick LEMAITRE, Compositeur
TRÉSORIER ADJOINT : Thierry COMMUNAL, Éditeur

SECRÉTAIRE GÉNÉRALE : Arlette TABART, Auteure
SECRÉTAIRE ADJOINT : Jean-Marie SALHANI, Éditeur

ADMINISTRATEURS :

Gilles AMADO, Auteur-réalisateur
Wally BADAROU, Compositeur
Jean FAUQUE, Auteur
Christian GAUBERT, Compositeur
Rémy GRUMBACH, Auteur-réalisateur
Christine LIDON, Auteur

Serge PERATHONER, Compositeur
Nelly QUEROL, Éditrice
Jean-Max RIVIERE, Auteur
David SECHAN, Éditeur
Halit UMAN, Éditeur
Frédéric ZEITOUN, Auteur

À toutes et tous fut envoyée ma « lettre du 2 juin 2015. » Avec une adresse mail confectionnée sur le modèle de celle du président et "non revenue en erreur" (pour les prénoms composés, il m'a fallu plusieurs tests, avec retour en erreur, avant de trouver la codification). Cet envoi fut effectué via plusieurs adresses d'expédition et avec un espacement temporel afin d'éviter au maximum les filtres anti-spams. Néanmoins, faute de réponse ni de confirmation de lecture, je ne peux être certain que tous ont lu ou même reçu cette missive.

2015... Tellement de gentils candidats qu'il faudrait être fou de ne pas continuer ainsi ?

La notice de présentation est un exercice périlleux... Il ne faut surtout pas y risquer la censure sûrement dangereuse pour la suite de la carrière... Il ne faut pas déplaire, il faut même plaire ! Je les ai toutes lues, "biographie et parcours" ou "fiche de motivation"... Naturellement, le chroniqueur se doit de sélectionner !... Je ne pouvais pas leur accorder 10% de l'espace du livre... et ils se ressemblent tellement !

Six auteurs candidats au conseil d'administration :
- Elisabeth Anaïs, membre de la Sacem depuis 1979, sociétaire définitive en 2002 « *CHANSONS POUR ET/OU AVEC Nolwenn Leroy, Isabelle Boulay, Roch Voisine, Garou, Richard Cocciante, Philippe Lavil, Claude Lemesle, Alain Chamfort, Jean-Claude Petit, Didier Barbelivien, Dominique Pankratoff...* » Oui, certains noms figurent déjà dans ce livre... « *CHANSONS DE FILMS, SÉRIES TÉLÉ, DESSINS ANIMÉS : Manon des Sources - Le Roi Lion - La Petite Sirène - Héroïnes - Paris je t'aime...* » et « *J'ai grandi, accompagnée par cette belle maison et mon investissement dans la défense du droit d'auteur est total. Pour ces raisons j'ai envie de continuer mon parcours au cœur de la Sacem. Et son cœur est, pour moi, le Conseil d'administration.* » Ainsi, ils ont le monopole du cœur ?
- Yves Duteil, membre de la Sacem depuis 1969, sociétaire définitif en 1980. Il le précise. Ce n'était pas obligatoire : « *né le 24 juillet 1949 à Paris.* » Et : « *J'ai toujours agi aux côtés de la Sacem en faveur de la gestion collective, et pour la défense des artistes. Mon expérience d'auteur-compositeur-interprète s'est enrichie au fil des*

années de celle d'éditeur, de producteur phonographique et de spectacles. Maire de Précy-sur-Marne pendant 25 ans, j'ai pu approcher les aspects institutionnels liés au spectacle et à la création. Chargé en 1995 d'une mission sur la chanson par le Ministre de la Culture, j'ai représenté et défendu les intérêts de la profession auprès des pouvoirs publics.

Au moment où la création semble menacée dans ses droits fondamentaux, j'ai décidé de présenter ma candidature au Conseil d'administration de la Sacem pour contribuer à préserver une économie équitable dans le respect de la propriété intellectuelle. »

C'est exceptionnel, conséquence du rare statut de candidat connu du grand public, la longueur de l'extrait...

- Smaïn Fairouze, membre depuis 1980, sociétaire définitif en 1996 « *Smaïn a toujours porté un vif intérêt à toutes créations qui font partie comme il le dit de sa quête de culture et d'expressions artistiques.* »

- Sylvain Lebel, membre depuis 1970, sociétaire définitif en 1987. Un habitué : « Secrétaire général 2001-2002, 2004-2006, 2008-2010 ; Secrétaire adjoint 1996-1998, 2000-2001, 2003-2004, 2007-2008, 2011-2012 ; Administrateur 1995-1996, 1999-2000, 2012-2013... »

« *Au cours de mes différents mandats, j'ai fait en sorte avec le Conseil d'administration que la Sacem, plus qu'un édifice soit une maison des Sociétaires. Avec votre aide, je continuerai dans cette voie.* » Une maison des Sociétaires ! Il manque quelques mots ?

- Jacques Mailhot, membre depuis 1971, sociétaire définitif en 1989. « *1972 : Débuts à l'Echelle de Jacob puis au Théâtre de Dix-Heures où il reçoit le Prix Raoul Arnaut du jeune chansonnier des mains de Robert Rocca et Jacques Grello...* » Et présenterait « *pour promouvoir le talent, transmettre le savoir et défendre le droit d'auteur sous toutes ses formes. »*

Mais qu'est-ce que le talent ? Celui de se coucher devant les puissants ? Celui de réformer la sacem ?

- Jean-Marie Moreau, membre depuis 1975, sociétaire définitif en 1987. Vice-Président de la Sacem 2009-2010, 2012 à 2014.

« Lors de mes trois mandats au sein de votre Conseil d'administration, je me suis battu avec passion pour la protection du droit d'auteur et la pérennité de la gestion collective (...)

Au plan local et international, je dialogue avec les élus du monde politique pour les sensibiliser aux menaces qui pèsent sur nos professions. Je souhaite continuer à le faire avec autant d'enthousiasme si vous m'accordez une nouvelle fois votre confiance. »

Ah, c'est l'homme qui dialogue avec les élus du monde politique. Donc il ne me répondra pas ?

Trois auteurs - réalisateurs concourent :
- Gabriel Cotto, membre depuis 1985, sociétaire définitif en 1995 *« Après avoir passé quatorze années à la commission des réalisateurs (2000-2014), j'ai décidé de m'investir plus à fond en présentant ma candidature au Conseil d'administration de la Sacem. »*

Plus à fond, donc. Et non *plus au fond*.

- Donald Kent, membre depuis 1980, sociétaire définitif en 1996.

« J'ai filmé Noir Désir et Métallica ainsi que des opéras de Poulenc et Chostakovitch, je défendrai toujours toutes les musiques. Les deux prochaines années seront cruciales pour l'avenir de la musique en France, surtout au niveau de l'Europe. Le fait d'être anglophone sera un atout pour

faire entendre la voix des ayants droit de la Sacem dans les conflits durs qui s'annoncent. » Oh yes !

- Marion Sarraut, membre depuis 1973, sociétaire définitive en 1980. *« Je postule pour ce poste, car, compte tenu de ma longue expérience professionnelle, je désire me rendre utile au sein du Conseil d'administration de la Sacem. »*

Si vous souhaitez vraiment être utile... oui, aidez la sacem à devenir un espace démocratique...

Quatre compositeurs :

- René Grolier, membre depuis 1976, sociétaire définitif en 2000. *« Guinness des Records (1989) : recordman du Monde d'endurance pour avoir joué pendant 224 h et 38 mn sans interruption. »* Il va pouvoir animer l'assemblée générale jusqu'au 18 juin !

« QUELQUES TITRES TRÈS JOUÉS : « La Marche des Cultivateurs », « La Tarentelle du Soleil », « Du Champagne et de l'Accordéon », « Ma belle-mère », « Moi j'aime la Bretagne », « Far West Party », « Sous le ciel de Capri »... » Avec « La Marche des Cultivateurs », peut-être sera-t-il intéressé par mon précédent livre, *« Les villages doivent disparaître ! »* ?

« Administrateur de la Société Mutualiste des Auteurs Compositeurs Éditeurs de Musique depuis plusieurs années, je souhaite consacrer mon temps et partager mes connaissances avec tous les Sociétaires. » Le temps est notre bien le plus précieux, et le consacrer au Conseil d'Administration de la sacem me semble une grande faute contre soi !

- Dominique Pankratoff, membre depuis 1972, définitif en 1995. Secrétaire général 2013-2014. Secrétaire adjoint 2012-2013. Administrateur 2011-2012.

« *Motivations : « Mon engagement et ma volonté de défendre le droit d'auteur et les intérêts des créateurs au sein du Conseil d'administration de la Sacem restent, plus que jamais, déterminés »* »

Mais de quoi se plaint-on ? Tellement de bonnes volontés que tout semble pour le mieux dans le meilleur des mondes !

- Jean-Claude Petit, membre depuis 1964, sociétaire définitif en 1973. Président 2013-2014 ; Vice-Président 1997-1998, 2001-2002, 2004-2006, 2008-2010, 2012-2013, Administrateur 1995-1997, 1999-2001, 2003-2004, 2007-2008, 2011-2012.

« *En sollicitant les suffrages des sociétaires, j'espère participer à la bataille pour le droit d'auteur attaqué par des adversaires qui par méconnaissance ou intérêt politique, jugent « dépassé » notre droit. Mon expérience sera au service d'une bonne gestion de notre société, une attention soutenue à toutes les musiques, et une combativité sans faille pour assurer l'avenir de la gestion collective.* » Oui, il semble en avoir, de l'expérience... un sacré passif... Il en a vu passer des excès !

- Béatrice Thiriet, membre depuis 1991, sociétaire définitive en 2011. « Compositrice née à Paris en 1960. »

« *Passionnée par les nouveaux outils de création et de diffusion de nos œuvres, présente au débat européen pour défendre le droit d'auteur, je me présente au Conseil d'administration comme compositrice.* »

- 3 éditeurs :
- Nicolas Galibert, Président de la Société Sony/ATV Music Publishing. « *Editions admises à la Sacem en 2000 – Sociétaire définitif en 2007. Titulaire d'un DEA de P.L.A. et d'un DESS de l'Institut d'Administration des*

Entreprises de Paris, je suis Président de Sony/ATV Music Publishing, Vice-Président de la Confédération Internationale des Editeurs de Musique (CIEM/ICMP) et Vice-Président de la CSDEM. Après avoir été Directeur Business Affairs de CBS Disques, j'exerce mes activités d'éditeur au sein du Groupe Sony dont j'ai créé la filiale d'édition musicale en 1990... »

« Je souhaite poursuivre mon engagement au service de la communauté des Auteurs, Compositeurs et Editeurs de musique et participer à la bonne conduite de la gestion collective, en particulier au regard des enjeux internationaux. »

Un éditeur au service des auteurs ! Sourire. Pas vous ?

- Bruno Lion, Gérant depuis 2001 de Peermusic (également de SEMI et Méridian), editions admises à la Sacem en 1982 – sociétaire définitif en 2006.

« Elu deux fois au Conseil d'administration Sacem (en 2007 et 2011), dont j'ai été Vice-Président pendant deux années, je souhaite y poursuivre mon engagement en faveur de la création pour assurer la défense de nos droits, leur avenir, les meilleures collectes possibles et les répartitions les plus justes. »

Les répartitions les plus justes... oui, j'avais proposé une autre approche des répartitions...

- Thierry Perrier, Président des Editions Passport Songs Music. Éditions fondées et admises à la Sacem en 2000 – Sociétaire définitif en 2008. *« Ma candidature est l'aboutissement de mon parcours professionnel afin de mettre mes connaissances et mon expérience au service de la défense du droit d'auteur et des créateurs. »*

Ensuite viennent les candidats aux commissions, d'abord la **commission des comptes et de surveillance**. Est-ce bien utile de les "écouter" ? Envie d'abréger ! La seule

112

différence fragrante : ils semblent, quasiment tous, plus jeunes. J'ai des photos dans mon bouquin normalement réservé à l'oligarchie mais envoyé aux candidats même subalternes. Comme s'ils attendaient leur tour pour entrer dans la grande carrière du CA !

- Auteurs... Une seule : Vanessa Bertran, membre depuis 1997, sociétaire professionnelle en 2008 « CHANSONS : Générique du dessin animé « Pororo le petit pingouin » (TF1), « Brocéliande » (spectacle musical Théâtre Mouffetard), « Le Temps des bonbons » (1er Prix de chanson et Prix UNAC à St-Germain des Fossés, 2003)... »
« *Soucieuse de défendre la gestion collective et d'accompagner l'évolution de cette société qui nous permet de vivre de notre écriture, je postule à nouveau à cette commission garante de la transparence de sa gestion.* »

- Trois compositeurs :
- Laurent Ganem, membre depuis 1986, sociétaire définitif en 2001. « *Compositeur, sur le terrain, je perçois au quotidien la diversité des attentes des créateurs. Sociétaire, et impliqué dans cette commission, j'ai pu toucher du doigt la nécessité et le bien-fondé de notre gestion collective.*
La Sacem, c'est bien sûr la défense des intérêts des créateurs. Mais ça doit être aussi une dynamique, un dialogue éthique avec les sociétaires, autour de la défense du droit d'auteur.
Cette dynamique est un atout pour relever les défis à venir, à l'intérieur du cercle des sociétaires, ainsi que vers l'extérieur.
Après cette expérience, j'ai voulu m'impliquer à nouveau

dans le fonctionnement de la Sacem, en me portant candidat à la Commission des Comptes. » Compositeur, sur le terrain ?... Quel terrain ? Celui de Neuilly ? Il prône bien « *un dialogue éthique avec les sociétaires* » ! J'essayerai de le contacter...

- Gerard Layani, membre depuis 1967, sociétaire définitif en 1980. « Membre de la Commission des Comptes de la Sacem depuis 2006 (Président 2008-2009, Vice-Président 2007-2008 / 2012-2013, Secrétaire 2010-2011) »

« *Disponible, je tiens à m'impliquer pour aider au bon fonctionnement de la Commission des Comptes au sein de notre Société.* »

Je le reconnais : je ne suis pas disponible. J'écris !

- Olivier Renoir, membre depuis 1981, sociétaire définitif en 2007. « Né à Bordeaux en 1960, commence à composer à 15 ans... Ma motivation : « *Je me sens concerné par l'analyse des intérêts des ayants droit et vous remercie de m'accorder votre confiance.* » »

Je me sens concerné, et même consterné, souvent.

Deux éditeurs :

- Julien Banes, Upton Park Publishing, 40 ans. Editions admises en 2004, sociétaire professionnel en 2009.

« Grand Prix Sacem de l'édition musicale 2011 avec Paul Banes (premier Grand Prix remis à un père et son fils). »

« *Après avoir été manager et producteur de Matmatah (1,3 millions d'albums vendus), j'ai monté Upton Park il y a 13 ans, société qui édite les œuvres de Matmatah, Svinkels, The Craftmen Club, Paul Slade, Merzhin, Tristan Nihouarn...*

(...)

Ayant déjà passé quatre ans à la Commission des Variétés, je me présente à vous avec l'espoir de poursuivre mon implication au sein de notre maison, continuer ce travail collectif au service des sociétaires et parfaire l'apprentissage d'autres facettes de ce métier. La Commission des Comptes me semble une étape importante pour tout sociétaire qui veut participer à la vie de la Sacem et mieux connaître son fonctionnement. »

Il l'a dit : une étape !

- Herve Bergerat, Président des Éditions Masq. Éditions admises à la Sacem en 1971 - Sociétaire professionnel en 1985.

« Né en 1951, débute en 1969 aux côtés de son père, le directeur artistique Claude Dejacques (Barbara, Gainsbourg, Nougaro, Bardot...) puis chez Sibecar, éditeur de Vigneault et Béranger.

(...)

2009 : éditeur de Debout (Bécassine, Pandi Panda, C'est Guignol...) »

« *Gérant de sociétés depuis plus de 40 ans, je pense pouvoir être utile aux divers travaux menés par la Commission des Comptes.* »

Ah, l'éditeur de Bécassine. Si la parodie *Ségolène* avait enthousiasmé la France en 2006-2007, il en aurait grandement bénéficié !

Puis se présentent les candidats à **la commission des programmes.**

Deux auteurs :
- Anne Goldstein, membre depuis 1990, sociétaire définitive en 2002.

« QUELQUES ŒUVRES RÉFÉRENTES :
Goldorak, les Entrechats, Superman, Pierrafeu, Inspecteur Gadget, Franklin, Robinson Crusoé, les Muppets Babies, Alvin et les Chipmunk, B.Daman, Calamity Jane, Les Mongolettes, l'Ancre du souvenir... »

« *Dans ce climat actuel où le droit d'auteur est remis en question, j'ai très envie de m'investir pour sa défense et mon rôle au sein de la Commission des Programmes participera de ma motivation si je suis élue. Enrichie de mon passage à la Commission de l'Audiovisuel, je me fais fort d'apporter ma part de vigilance et de compétence au sein de cette maison Sacem qui m'est chère.* »

Goldorak, go ! Sur le droit d'auteur...

- Henry Stemen, membre depuis 1971, sociétaire définitif en 1993.

« *Je suis né le 3 avril 1950. (...) J'ai fait aussi des dialogues pour des doublages de films cinéma ou séries, ou dessins animés comme Dirty Dancing, Beetlejuice, les Razmockets, Batman, M.A.S.H, La Mémoire dans la Peau, Les Lapins Crétins, etc.* »

« *Ma motivation pour rejoindre l'équipe de la Sacem est de servir la communauté des auteurs/compositeurs. En intégrant la Commission des Programmes, je pourrai sans doute participer à une saine gestion et répartition aux ayants droit.* »

Superman contre *Batman !* Ils ne sont pas frères ces mans ? Frères de Goldman ? Quand les *entrechats* croisent *les Lapins Crétins...* Gare au gorille !

Et là, soudain, la surprise... Mais non, pas Jordy, ni Johnny ! Huit compositeurs !

- Khalil Chahine, membre depuis 1980, définitif en 1998.

« *Impliqué dans la défense du droit d'auteur depuis ma première mandature en 2011, je souhaite continuer à y consacrer du temps. Sous les présidences successives de Thierry Perrier, Didier Drussant et Patrick Cassaigne nous avons accompli un travail efficace que je crois utile et profitable aux ayants droit.* » Profitable à qui ?

116

- Jean-François Chalaffre, Membre depuis 1999, définitif en 2006. « *Né le 15 septembre 1972 en Auvergne. (...) Depuis plusieurs années, je m'efforce de défendre l'institution Sacem et l'ensemble de ses sociétaires auprès des acteurs du monde artistique, des élus ou des utilisateurs de musique que je côtoie. Nous sommes dans une période où le droit d'auteur est malmené. Nous nous devons d'être vigilants et exemplaires. C'est pourquoi, je souhaite contribuer à la Commission des programmes au mieux de mes énergies et de mes compétences.* »
Exemplaires ! Exemplaire, monsieur le Président ! Surtout ne pas s'énerver et balancer deux mots préjudiciables à votre bonne réputation !
- Georges Chatelain, membre depuis 1966, définitif en 1978. «...*Premières bandes annonces Skyrock. Producteur son pour les Guignols de l'info, de 1988 à 1993.*
« *Devenir le défenseur des autres créateurs, leur interprète en quelque sorte, est un privilège. C'est pourquoi je veux m'investir dans cette maison qui les regroupe et les représente : la Sacem. Personne, disait Jacques Demarny, n'est mieux placé pour représenter un auteur qu'un « auteur », et un compositeur qu'un « compositeur ». Il faisait référence aux créateurs purs et originaux. Seuls les créateurs savent, car ils vivent d'aval en amont, le difficile cheminement des œuvres, et jamais on aura autant besoin de solidarité face aux enjeux technologiques et économiques actuels.*
Pour toutes ces raisons, je me présente à la Commission des Programmes. » »
Je ne pouvais quand même pas couper le nom de Jacques Demarny. Un ancien, président...
- Julien Chirol, membre depuis 2000, professionnel en 2007.

« *Objectifs* : « *participer activement à la vie de la Sacem, plus généralement mieux faire comprendre nos métiers, défendre le droit d'auteur.* » »

- Michel Gaucher, membre depuis 1975, définitif en 2004.

« *Aussi curieux que motivé par cette nouvelle expérience, proposer ma candidature présente un réel intérêt ainsi que l'opportunité de pouvoir mettre à profit mon expérience et mes acquis au service de la Commission des Programmes de la Sacem.* »

Un réel intérêt, mettre à profit... On retient parfois des mots, en lisant rapidement.

- Hadi Kalafate, membre depuis 1970, professionnel en 1980.

« *Je désire protéger avec conviction et avec votre aide les droits d'auteurs, que ce soit dans le domaine de la musique, films, ou littératures. Je n'ai jamais téléchargé quoi que ce soit et j'ai toujours condamné les personnes qui s'adonnent à ce genre de pratique.* » Il fallait le proclamer haut et fort, voilà qui restera. Mais possède-t-il une connexion internet ? Il ne télécharge jamais de mails ? Ni de documentation gratuite ? Ni d'œuvre du domaine public ? Ni d'œuvre proposée par son créateur ? Le gratuit légal existe !

- Bertrand Lajudie, membre depuis 1981, définitif en 2004. « *Après toutes ces années en tant que sociétaire, les motivations de ma candidature sont de participer et m'investir au sein de la Sacem, pour notamment défendre le droit d'auteur particulièrement fragilisé depuis quelques années.* »

Il était dur, il s'est fragilisé, fissuré, même !

- Frédéric Langlais, membre depuis 1994, définitif en 2012. « *Sur scène à 10 ans dans les Petits Prodiges de Maurice Larcange. (...)* « *Mon investissement dans notre*

118

maison Sacem tient dans la protection de vos droits, en me mettant au service des sociétaires, en vous apportant tout mon soutien. » » Mes droits ? Celui de causer également ? J'ai votre soutien ?

- Trois éditeurs :
- Michel Duval, Directeur général de Jeune Musique, définitif depuis 2009. *« Le droit d'auteur est aujourd'hui menacé. En parallèle, la musique est présente en permanence selon des sources multiples. Je souhaite mettre mes compétences au service de la Sacem et de ses sociétaires au sein de la Commission des Programmes après m'être engagé en 2011 et 2012 dans la Commission des Variétés. »*
- Jean-Michel Marquaille, Gérant de la Société Musique & Music, Éditions admises en 1994 – définitif en 2006. *« En veille constante sur l'évolution de mon métier d'éditeur indépendant et des nouvelles pratiques nationales et internationales, je souhaite m'engager avec vous dans la défense de la notion de « Droits d'Auteur ».*
C'est dans la sauvegarde de ce principe que nous pourrons continuer à vivre de notre art et à préserver cette belle institution qu'est la Sacem. C'est pour cette raison que je souhaite apporter ma contribution en me présentant à la Commission des Programmes. »
- France Monot-Fortin, Gérante des Editions Fortin et Armiane depuis 2006. Editions admises en 1935 — Sociétaire définitive en 1948. *« Forte de l'expérience acquise dans mon travail d'éditeur indépendant, et au cours de mes différents mandats à la Sacem, je souhaite contribuer à la défense et au renforcement du droit d'auteur, et garantir, au sein de la Commission des Programmes, une répartition juste, la meilleure possible aux différentes catégories de sociétaires. »*

Et voici enfin les postulants (et non *postillons* ; la rime avec *couillons* serait déplacée dans un tube) à la très utile « *commission prévue à l'article R321-6-3 du code de la propriété intellectuelle.* » Ne l'oubliez pas, « *son rôle est de veiller à la bonne transmission de documents d'information demandés par les sociétaires.* »

Nous sommes sept auteurs. Je suis le septième. Il ne s'agit pas d'une sanction mais d'ordre, alphabétique.

- Jean-Michel ADDE, membre depuis 1981. « *Je propose ma candidature afin de me rendre disponible pour cette Commission.* »

- Thierry Brayer, membre depuis 1997. « *Son envie aujourd'hui est de participer activement et professionnellement à la vie de la Sacem et de continuer l'action de celle-ci auprès de tous les publics. Il saura se rendre réellement disponible pour exercer la fonction pour laquelle il se présente et il souhaite que l'on comprenne que sa passion et son expérience pour l'écriture et la chanson pourront servir utilement la Sacem.* »

- Michel Farinet, membre depuis 1996. « *Membre de la Commission prévue à l'article R. 321-6-3 du Code de la Propriété Intellectuelle, Commissaire 2004-2005 et 2013-2015, Secrétaire 2014-2015. Après une carrière de cadre dans une entreprise multinationale, il a repris l'activité musique/chanson en tant qu'auteur - Collaboration avec M. Gabriel Clochez, professeur, compositeur, sociétaire Sacem. (...) Il garde la même motivation à se rendre utile à nos ressortissants Sacem et UNAC et participer à la défense et à la promotion de notre culture.* »

- Kimy Iglesias, membre depuis 2006. « *Ma motivation : « mettre mes connaissances, mon expérience, et ma disponibilité au service des sociétaires.* » »

120

- Serge Lecoq, membre depuis 1996. « *Membre de la Commission prévue à l'article R.321-6-3 du Code de la Propriété Intellectuelle en 2007-2008, Secrétaire (2009 à 2011), Vice-Président (2011-2012), Président de 2012 à 2015* » Il semble avoir trouvé sa voie !

« *Mon engagement reste entier et déterminé à poursuivre l'action menée au service des auteurs dans cette conjoncture où le droit d'auteur est remis en cause.* »

- Emmanuelle Ogouz, membre depuis 1990 — Sociétaire professionnelle en 1996. Une professionnelle parmi nous ! Elle espère ainsi facilement être élue ?

« *Formée à l'écriture aux Etats-Unis, Emmanuelle Ogouz écrit pour le doublage depuis 1988. Elle signe plus de 500 œuvres de doublage. (...)* « *Défendre les droits de tous est selon moi le devoir de chacun. Ma candidature est motivée par l'envie de porter un regard neuf sur l'activité de la commission. Avec l'essor du numérique, le droit d'auteur doit être au centre de nos actions et je souhaite y contribuer en apportant toute mon expérience, mon engagement et mes espoirs.* »

- Stephane Ternoise, membre depuis 2000.

Je vais donc me permettre de présenter en intégralité la page 41 du document. Aucune envolée lénifiante, je vous l'accorde.

« Depuis la fin du deuxième millénaire, Stéphane Ternoise conceptualise et encourage la révolution numérique en France.

Naturellement, ses positions du côté des créateurs dérangent des installés. Malgré plus de 300 textes pour la chanson, il se vit écrivain, parvenant à survivre en profession libérale auteur-éditeur sans best-seller depuis 1993.

Malgré des traductions en espagnol, italien, anglais et allemand, son théâtre est peu joué. Ses romans sont peu lus (« le roman du show-biz et de la sagesse » sur l'univers musical, le sixième : « le roman de la Révolution Numérique »). Les médias préfèrent ne pas accorder d'audience à ses essais peu aimables envers les puissants.

Stéphane Ternoise a choisi de vivre à la campagne et d'assumer son envie d'indépendance, sans chercher à se faire des amis utiles ni appartenir à un clan.

Dans le domaine de la chanson, après « Savoirs », il a autoproduit « vivre autrement (après les ruines), » des albums d'auteurs sûrement très mauvais car non soutenus par la Sacem dans le cadre de son « soutien » à l'autoproduction.

En mars 2015, il a peut-être publié l'œuvre de notre époque sortie de l'indignez-vous : « Agenouillez-vous devant les enculés ! » Ce titre est également un texte de chanson non chanté. »

Pourquoi ont-ils tous exprimé leur motivation ? Car c'était demandé ! Pourquoi pas moi ? Car il s'agissait, conformément à l'article 107 du Règlement général, de préciser les raisons qui motivent cette candidature. Et de joindre une présentation en moins de 200 mots. Il ne m'a pas semblé nécessaire que la motivation prenne quelques-uns des caractères alloués.

J'avais ainsi noté dans ma lettre au Conseil d'Administration de la SACEM :

« Montcuq, le 20 mars 2015

Objet : candidature à la Commission prévue à l'article R. 321-6-3 du CPI

Monsieur le Président du Conseil d'Administration,

(...)

Conformément à l'article 107 du Règlement général, je vous précise les raisons qui motivent cette candidature :

Ne pouvant être candidat au Conseil d'administration réservé aux Sociétaires définitifs depuis au moins un an ou Sociétaires professionnels ayant exercé deux mandats successifs au sein des commissions statutaires, ne pouvant être candidat à la Commission des Programmes réservée aux Sociétaires définitifs ou professionnels depuis au moins un an, ne pouvant être candidat à la commission des comptes et de surveillance réservée aux Sociétaires définitifs ou professionnels depuis au moins un an, souhaitant m'impliquer dans le fonctionnement de la sacem, la commission prévue à l'article R.321-6-3 du Code de la propriété intellectuelle représente mon unique voie. »

Trois compositeurs :
- John-Frederic Lippis, membre depuis 1989. « *Notre profession, nos travaux demandent plus que jamais d'être défendus en France et en Europe avec l'audace et le souci de protéger la Sacem et ses actions au profit du droit d'auteur.* » Oui, mais, cher collègue, élu, on ne vous demandera pas votre avis sur le sujet !
- Dominique Marigny, membre depuis 2003. « *Champion d'Europe et de France d'accordéon Variétés 2005.* « *L'amour de la musique et le respect de ses créateurs sont pour moi deux éléments indissociables du bon fonctionnement de la création musicale. C'est pour cela, que je souhaite me rendre disponible pour notre société.* » »
Pour vérifier le courrier envoyé, ou les mails ?

- David Thuot, Membre depuis 1999. « *né le 20 juin 1974 à Nemours (77)...* « *Aujourd'hui, il porte cette candidature avec conviction et souhaite engager son savoir-être et savoir-faire auprès de cette commission prévue à l'article R.321-6-3 du Code la Propriété Intellectuelle.* »
Oh, il en faut, des convictions, pour une telle mission !

Trois éditeurs :
- Sylvie Hamon, Gérante de la Société Sylvie Hamon Éditions. Membre de la Sacem depuis 2006. Depuis juin 2011, elle est membre de la Commission prévue à l'article R.321-6-3 du Code de la Propriété Intellectuelle. « *Désireuse de pouvoir partager mon expérience professionnelle, je souhaite à nouveau faire acte de candidature.* »
Si Serge Lecoq n'est pas réélu, elle vise la présidence ?
- Jean Louis Iasoni, Éditeur Personne Physique de la Société JLI Production et Édition. Éditions admises à la Sacem en 2008. « *Avec le parcours professionnel que j'ai effectué, être nommé à la Commission Intellectuelle article R.321-6-3 éditeur me permettra d'avoir encore plus de connaissance.* » Dans le contrôle ?
- Marie-Helene Jarno-Taphorel, Gérante de la Société Tinuta Sarl. Éditions admises à la Sacem en 2001. Auteur, membre de la Sacem depuis 1972. Membre de la Commission prévue à l'Article R.321-6-3 du Code la Propriété Intellectuelle depuis 2004. « *Je me présente afin de défendre efficacement le droit d'auteur, vecteur majeur de la création musicale, et de participer à la garantie de la transparence des informations.* »
Si Serge Lecoq n'est pas réélu, elle est donc la mieux placée pour viser la présidence ? Car présidence il y a !

La réponse du Président du Conseil d'Administration de la Sacem

Envoyée le 2 juin 2015 à 11:21, de son adresse sous @me.com, avec copie visible à son adresse sous @sacem.fr (mon texte envoyé à ce mail figurant en fin de courriel), la réponse de monsieur Laurent Petitgirard, Président du Conseil d'Administration, fut rapide :

2 juin à 14 h 15

« Sent: Tuesday, June 02, 2015 1:15 PM Subject: Re: Les élections 2015 à la sacem

Soignez vous

Envoyé de mon iPhone »

Autres réactions

Au 5 juin 2015, "le Président" reste le seul à avoir répondu parmi les membres du Conseil d'Administration contactés via une adresse @sacem.fr. Les autres l'ont-ils reçu leur message ? Je ne peux en être certain. Via Twitter et facebook j'ai essayé d'informer l'ensemble des candidats.

Aucune réponse des candidats 2013 dont les adresses personnelles furent alors divulguées. Deux courriels sont revenus en erreur. Un candidat 2015, rencontré "dans la vraie vie" a répondu. Pour ne pas "le compromettre", je remplace les éléments d'identification par une * :

« *Salut Stephane,*

Je te remercie pour ton mail.

Ceci dit, c'est drôle, je me présente moi-même à **. Pour une fois, tu peux voter pour un gars que tu connais et qui n'est pas un oligarque. Tu fais comme tu sens, l'ami ...

Fais passer le message.

   À un de ces jours,   * »

Donc il ne semble pas avoir lu le manuel de l'assemblée générale annuelle où figurent nos présentations ni avoir consulté www.candidat.info où s'affiche ma décision de ne pas voter... Et ne se reconnaît pas parmi les oligarques !

Un proche, membre de base de la sacem, non candidat : « *Olà... oh la vache, ça c'est du dit mon bon monsieur... chapeau bas, quel talent, quel culot, quel humain finalement... **** »

Sur Facebook, j'ai partagé dans de nombreux groupes et avec de nombreux contacts...

Seulement deux réactions, de "politiques" (ils furent

candidats dans le Lot, et s'affrontèrent même en 2008 face à Daniel Maury malheureusement vainqueur dès le premier tour) :

Christophe Mességuer : « *C'est courageux et utile votre candidature.* »

Gerard Alix : « *La démocratie ne s'use que, quand on ne s'en sert pas.* »

Comme si les membres "de base" attendaient "de voir", ne voulaient surtout pas risquer un "blacklistage" (ce qui n'existe pas en démocratie), ou "une mauvaise réputation" pour un soutien à la vague démocratique. Ah les intellectuels engagés toujours prompts à défiler à 10 000 kilomètres de chez Pinochet... L'oligarchie triomphante s'appuie également sur cette frilosité de ceux pourtant "beaucoup plus nombreux"... N'ayez pas peur !

Photo du détail
d'un vitrail
réalisé par Dagrant
(église de Concots)

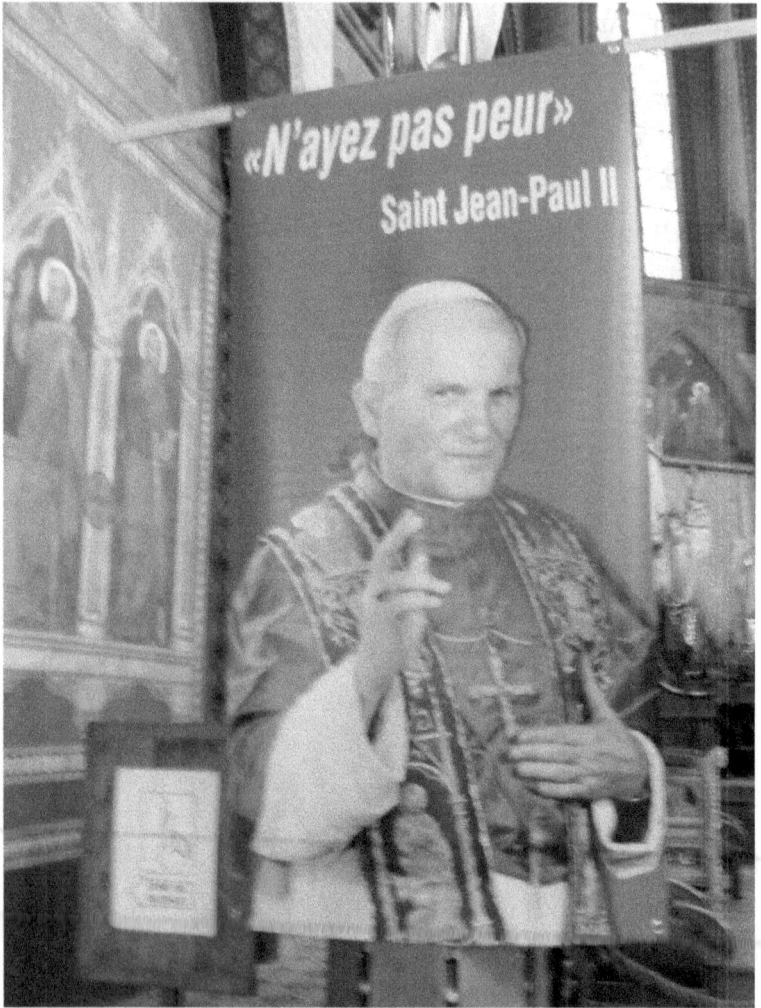

«N'ayez pas peur»
Saint Jean-Paul II

Demande de démission du Président et d'adaptation démocratique des statuts

Sous forme d'une réponse, communiquée à l'ensemble des adresses mails disponibles et présentée sur http://www.candidat.info

Monsieur le Président du Conseil d'Administration de notre Sacem,

Je demande la démocratie là où vous souhaitez maintenir l'oligarchie et vous m'avez répondu « Soignez vous ».

Merci Monsieur le Président du Conseil d'Administration pour cette réponse concise et précise, ce magistral « Soignez vous ».

Merci Monsieur le Président de m'avoir en exclusivité dévoilé le titre de votre (sûrement) plus belle œuvre... Je peux sourire à l'idée qu'il s'agit de cela ? Après « *indignez-vous* ! » de Stéphane Hessel et mon « *Agenouillez-vous devant les enculés !* », vous conclurez donc par « *Soignez-vous !* » ?

Peut-être rêvez-vous d'une France transformée en *paradis* comme le connurent les gens de l'Est où les intellectuels récalcitrants étaient envoyés dans des camps de rééducation pour y être soignés, rééduqués ?

Vous avez défilé 11 janvier 2015 pour défendre la liberté d'expression ? Vous soutenez la liberté d'expression, à condition qu'elle n'égratigne pas la sacem telle que vous la conduisez ?

« Soignez vous », vous avez eu l'audace, le talent, l'honnêteté, de répondre à mes arguments. Puisque vous pensez ainsi, merci d'avoir suivi cette émotion ! Pouvez-vous, dans ces conditions, continuer à présider "notre" Conseil d'Administration ? Je réponds NON. Et demande donc votre départ du Conseil d'Administration de la Sacem. Et je demande que soit inscrite à la prochaine Assemblée Générale une modification des statuts de "notre Sacem", qu'à l'oligarchie succède la démocratie, que tout membre puisse être candidat à l'ensemble des assemblées et commissions, que tout membre bénéficie d'une et une seule voix lors des élections. Qu'ensuite une Assemblée Générale extraordinaire dote notre sacem d'un nouveau Conseil d'Administration, de nouvelles commissions, démocratiquement élus.

« Soignez vous », vous m'avez répondu. Jacques Brel chantait "vivre debout." Entre les deux options, les 153 000 membres de la sacem seront appelés à choisir ?

Vous écriviez dans l'édito du Magsacem de janvier 2015 : « le courage ne semble décidément pas être la vertu première des dirigeants européens. »
Sera-t-il la vertu des membres professionnels et définitifs qui vous demanderont de partir et aboliront les statuts oligarchiques ?

Vous ajoutiez, monsieur le Président du Conseil d'Administration, « nous avons parfaitement identifié Monsieur Juncker comme un ennemi de la culture, comme un apprenti sorcier dont l'aveuglement est en passe d'avoir des conséquences dramatiques pour tous les créateurs. »
Vous croyez-vous crédible ?
Le combat du droit d'auteur ne peut pas être mené par une oligarchie, qui se pense sûrement "éclairée".

Seul un Président du Conseil d'Administration démocratiquement élu pourrait être vraiment crédible, auprès de l'ensemble des membres comme des instances nationales, européennes et mondiales.

Veuillez agréer, monsieur le Président, mes profonds respects pour notre Sacem que vous continuez à représenter.

Table

Scène du Quercy selon la bergère

Mentions légales

Tous droits de traduction, de reproduction, d'utilisation, d'interprétation et d'adaptation réservés pour tous pays, pour toutes planètes, pour tous univers.

Site officiel : http://www.ecrivain.pro

Présentation des livres essentiels :
http://www.utopie.pro

Dépôt légal à la publication au format ebook du 5 juin 2015.

Imprimé par CreateSpace, An Amazon.com Company pour le compte de l'auteur-éditeur indépendant.
livrepapier.com

ISBN 978-2-36541-665-8
EAN 9782365416658
La sacem ? une oligarchie ! de Stéphane Ternoise
© Jean-Luc PETIT - BP 17 - 46800 Montcuq - France